레크리에이션과 민속놀이

레크리에이션과 민속놀이

이순배 지음

(주)교문사

책을 내면서
FOREWORD

현대인은 일이나 공부 등에 의한 피로를 풀고 정신적 · 육체적으로 새로운 힘을 북돋우기 위하여 개인 또는 집단으로 오락이나 여가를 즐기고 있다. 보수를 목적으로 하지 않기 때문에 그 활동은 자유롭고 즐겁게 이루어진다.

현대적인 의미에서의 레크리에이션 운동은 19세기 말에 시작되었으며, 특히 최근 고도 산업사회에서 노동시간이 감소하게 됨에 따라 개인에게 더 많은 자유시간이 주어지면서 레크리에이션의 중요성은 더 크게 부각되고 있다.

아동들의 세계에서는 노동이 없다. 아동에게 놀이는 그 자체로 아동의 생활이다. 어른 세계에서는 원시적인 생활, 즉 수렵을 해서 나무열매로 식생활하던 시대에서는 양식을 얻는 노동을 하나의 스포츠로 생각하여 노동과 레크리에이션을 분리하지 않았다. 생활로 인한 노동이 즐거움을 포함했던 것이다. 그러나 문화가 발전하고, 따라서 생산이 분업화가 되자 노동의 즐거움이 수반되지 못하였다. 오락을 구한다는 것은 인간의 심리적 욕구이고 이것을 만족함으로써 생활력이 왕성해지고 생산능률도 올리는 결과가 된다. 노동에 필연적으로 따라오는 피로도 레크리에이션 활동을 통하여 회복되고, 항상 건강과 젊음을 유지하게 되며, 윤택한 생활을 할 수 있게 된다.

이 책의 내용은 기본적으로 레크리에이션의 이해를 돕고자 3개의 부로 나누어 구성하였다. 1부 현대사회와 레크리에이션에서는 레크리에이션의 개념, 레크리에이션의 지도자, 이벤트 기획론, 프로그램 작성과 진행법 및 접근기법, 게임의 기본 이론을 다루었으며, 2부 레크리에이션 실제에서는 도입 박수 및 게임, 파트너 게임, 차내 레크리에이션, 야외 게임, 실내 게임(무대 게임, 팀 빙고 및 팀 파워 게임), 노래와 율동 게임, 싱얼롱(싱잉모션), 유머 마인드, 레크리에이션과 퀴즈로 나누어 살펴보았다. 3부 민속놀이에서는 놀이의 기원과 민속놀이의 유래와 특징, 민속놀이의 실제(가마타기, 기차놀이, 말타기, 실뜨기, 장치기, 강강술래, 꽃따기, 못치기, 죽마타기, 널뛰기, 씨름, 줄넘기), 설날 민속놀이인 윷놀이, 연날리기, 팽이치기, 고싸움놀이, 투호놀이, 띠뱃놀이 등을 다루고 있다.

각 장에는 현장에서 얻은 다양한 경험과 기술을 바탕으로 가능한 한 다양한 레크리에이션 자료를 싣고자 하였다. 레크리에이션은 무엇보다 실제가 중요하다. 인간적으로 상호작용하며 이를 현장에서 바로 활용하는 것이 중요하기 때문에 이 책에는 레크리에이션의 활용을 위한 실제 프로그램을 CD에 담아 부록으로 제시하였다.

따라서 이 책은 현대 레크리에이션에 관심 있는 모든 사람과 레크리에이션 지도자 및 관련자, 사회복지 종사자 그리고 전문적으로 전공하는 학생들을 포함하여 다양한 사람들에게 유용할 것으로 생각된다. 본서를 출간하면서 미비한 점이 많다고 생각된다. 이런 점은 추후에 수정하고 보완하는 기회를 갖고자 한다. 이 책으로 우리나라 레크리에이션의 발전을 위해 조그마나 도움이 되었으면 하는 바람이다.

마지막으로 우리나라의 레크리에이션 발전을 위해 많은 지도를 해주신 지인들께 그리고 이 책을 기꺼이 출판해 주신 교문사 류제동 사장님, 양계성 상무님을 비롯하여 7월의 무더위 속에서 수고가 많았던 직원들께도 감사의 마음을 전한다. 또한 이 책이 나오기까지 물심양면으로 아낌없는 격려와 지지를 보내준 가족 모두에게도 감사드린다.

2010년 7월
저 자

차 례
CONTENTS

제2부   레크리에이션의 실제

제3부　민속놀이

제1부 현대사회와 레크리에이션

제1장

레크리에이션의 이해

1. 레크리에이션의 어원적 고찰과 정의

1) 레크리에이션의 어원적 고찰

레크리에이션이란 용어의 어원은 회복, 재창조를 의미하는 라틴어 'recreatio'로 에너지의 재창조, 활동 능력의 회복을 암시한다. 즉 마음과 육체의 피로를 풀고 긴장과 불안을 해소하여 새로운 의욕과 원기를 북돋우는 일이라고 설명할 수 있다. 또한 레크리에이션은 발음에 따라 그 뜻이 다르게 나타난다. 리크리에이션(reecreation)과 레크리에이션(recreation)의 두 가지 발음으로 읽을 수 있는데, 전자는 '개조, 재창조, 새롭게 만들다'라는 뜻이며, 후자는 '휴양, 기분 전환, 오락, 위안, 취미'라는 뜻을 가지고 있다. 그렇다고 레크리에이션이 오락 취미, 기분 전환만을 뜻하고 창조적인 것과는 무관하다는 말은 아니다. 레크리에이션이란 어떤 활동을 즐김으로써 창조적인 결과를 가져올 수 있어야 하기에 양자는 서로 밀접한 관계를 맺고 있다. 즉 레크리에이션을 통해 리크리에이션이 될 때 참다운 레크리에이션이라 할 수 있다.

2) 레크리에이션의 정의

지금까지 어원의 고찰을 통해 보았듯이 레크리에이션의 개념은 매우 다양한 활동을 포함할 수 있기 때문에 한마디로 정의하기는 어렵다. 사회적 환경이나 역사, 관습, 전통, 사회 구조에 따라 다양할 뿐만 아니라 사회변동, 시간, 장소의 변동에 따라 그 의미도 달라지기 때문이다. 따라서 레크리에이션의 정의는 보는 관점에 따라 약간씩의 차이와 특징을 지니고 있는데, 저명한 학자들의 대표적인 정의를 보면 다음과 같다.

메이어(Harold D. Meyer)는 "레크리에이션은 여가에 관계되는 활동이며 그 활동 자체에서 연유되는 만족에 의하여 동기화된 것이다."라고 말하고 있다. 또한 허친슨(John L. Hutchinson)은 "레크리에이션은 활동에 스스로 참가하는 개인에게 직접적이며 본래의 만족을 갖춘 가치 있고 사회적으로 받아들일 수 있는 여가의 경험이다."라고 레크리에이션을 정의하고 있다.

그리고 앤더슨(Jackson Anderson)은 "레크리에이션은 스스로 활동을 선택하고 그 활동으로부터 맛볼 수 있는 직접적인 기쁨을 주며, 건강하고 마음을 풍족하게 할 수 있는 경험의 기회를 주는 모든 활동을 포함한다."라고 정의하며, 뉴메이어(Martin H. Newmeyer)는 "레크리에이션은 어떠한 보수나 또는 직접적 필요에 의한 것이 아니고, 자유롭고 유쾌하며, 그 활동 자체에 직접적인 어필을 가진 개인적 · 집단적 여가의 활동이다."라고 정의한다. 김오중 박사는 다음과 같이 레크리에이션을 정의한다. "레크리에이션은 각자가 선택한 활동에 스스로 참가하여 만족을 느낄 수 있으며 동시에 문화적, 사회적으로 받아들일 수 있는 건설적이며 창조적인 여가의 활동이다."

이상 레크리에이션의 정의에 대한 저명한 학자들의 의견을 살펴보았다. 여기에서 찾을 수 있는 레크리에이션의 본질적인 요소는 다음과 같다.

첫째, 할 만한 가치가 있는 것(worth - while)

둘째, 사회적으로 용납되는 것(socially - accepted)

셋째, 여가 시간에 행할 것(leisure)

넷째, 만족을 느낄 수 있을 것(satisfaction)

다섯째, 자발적으로 행해지는 것(voluntary)

위에 언급한 항목들을 요약해 보면 "레크리에이션은 여가에 자기가 스스로 선택한 활동을 통해 만족을 얻되 그 활동이 사회적으로 용납되며, 가치 있는 활동이어야 한다."고 레크리에이션에 대한 정의를 내릴 수 있다.

2. 레크리에이션의 필요성

아동들 세계에서는 노동이 없다. 아동의 놀이는 놀이이기도 하나 동시에 아동들의 생활이다. 어른 세계에서는 원시적인 생활, 즉 수렵을 해서 나무열매로 식생활을 하던 시대에서는 양식을 얻는 노동을 하나의 스포츠로 생각하여 노동과 레크리에이션을 분리하지 않았다. 생활로 인한 노동이 즐거움을 포함했던 것이다. 그러나 문화가 발전하고, 따라서 생산이 분업화가 되자 노동의 즐거움이 수반되지 못하게 되었다. 오락을 구한다는 것은 인간의 심리적 욕구이고 이것을 만족함으로써 생활력이 왕성해지고 생산능률도 올리는 결과가 된다. 노동에 필연적으로 따라오는 피로도 레크리에이션 활동을 통하여 회복되고, 항상 건강과 젊음을 유지하게 되며, 윤택한 인생생활을 하는 데 필요한 것이다. 또한 산업이 기계화됨에 따라서 노동시간은 계속 감소되고 여가시간이 많아진다. 이 여가 선용에 따라서 사회생활을 명랑하게 할 수 있으므로 레크리에이션은 중요한 역할을 하게 된다.

3. 레크리에이션의 목표와 문제점

도시에서 살고 있는 사람들은 자연적 레크리에이션을 농촌에서 살고 있는 사람은 인위적인 레크리에이션을 필요로 하고 정신적인 일에 종사하는 사람은 신체적 레크리에이션을 필요로 한다. 살고 있는 곳이나 직업에 따라 개개인의 내용이 틀리다고 생각되나, 실제적으로는 공공적 · 건설적인 레크리에이션이 요구되는 형편이다. 신체적 레크리에이션의 하나인 스포츠(sports)를 예로 들면 자기가 즐기는 것보다는 보고 듣는 것으로 즐기는 것이 많아져서 소위 건설적 레크리에이션에서 수동적 레크리에이션으로 변하고 있는 것이다. 프로스포츠나 영화 등을 보고 즐기는 것은 좋으나 건강의 증진이라는 점에서 볼 때 수동적·상업적 레크리에이션은 자기 자신이 직접 즐기는 스포츠와 같은 건설적 레크리에이션으로 전환되어야 할 것이다.

또한 상업적 레크리에이션은 참가자가 비용을 부담해야 한다. 부모로부터 학비를 받고 생활하는 학생들은 경비가 안 드는 취미로 레크리에이션을 선택해야 하고 시간적으로 학습에 지장을 주지 않는 한도 안에서 실행하여 매일의 생활을 즐겁게 함으로써 학습능률이 향상되도록 노력하여야 할 것이다.

4. 레크리에이션의 기능과 효과

1) 레크리에이션의 기능

많은 사람들이 흔히 레크리에이션 하면 기분 전환 정도의 뜻으로만 알고 있으나, 오늘날에는 단순한 기분 전환의 차원을 넘어 하나의 공동체 의식을 고취시키며, 친교를 나누며 새로운 것을 창출해 내는 계기로서의 레크리에이션이 요구되고 있다. 레크리에이션의 기능은 현대 사회에 접어들면서 보다 더 넓은 의미의 기능으로 확대되고 있다. 내시(Nash)는 레크리에이션의 기능에 대해 다음과 같이 정리하고 있다.

① 인간 존재의 근본으로부터 생각하는 기능
② 레크리에이션 활동의 특색이 되는 기능- 사람들을 활동에 참가시키는 일과 사람을 즐겁게 하는 일
③ 사회참여에의 준비 기능- 개인을 준비시키는 기능, 원기 회복의 기능, 기분 전환, 긴장 완화, 자기의 내면을 밖으로 분산시키는 기능 등
④ 사회적 존재인 인간으로서의 역할 기능- 교육적인 일, 유기적인 일, 환

경의 유지 등
⑤ 부분 사회에 대한 기능– 사회계층의 상징으로서의 역할, 소속감을 주어
서로 함께 하게 하려는 역할
⑥ 사회 전체를 위한 기능– 경제적 기능, 정치적 기능

레크리에이션은 스스로의 흥미를 갖는 자발성이 기초가 되어, 생활의 보상
적 의미를 지니고 있다. 즉 지나치게 긴장하거나 피로한 상태를 레크리에이션
에 의해 쉽게 해주고, 불만을 해소할 수 있는 분출구의 역할을 레크리에이션
이 담당할 수 있는 것이다. 그러므로 레크리에이션은 불만해소의 분출구를 마
련하는 대상을 갖게 해 주는 역할연기(roleplaying)를 통하여 자신의 입장이나
욕구에 대한 불만적인 인간성을 남의 입장에서 생각하거나 행동할 수 있는 정
신적 발달을 도모할 수 있다. 이와 같이 역할연기의 시간이나 대상의 필요성
은 마치 사람이 공기와 물을 필요로 하는 것과 같이 무의식중에서도 레크리에
이션이 갖는 원리와 인간관계의 중요한 비중이 서로 강도 높게 조화됨으로써
그 필요성이 강조되는 것이다.

2) 레크리에이션의 효과

레크리에이션의 효과는 크게 아래와 같이 5가지로 나눌 수 있다.

(1) 피로회복을 통한 건강효과

사람에게 피로가 발생하는 요인은 대체로 과로에 의한 근육 자체의 피로,
스트레스 등에 의한 신경계의 움직임 난조에서 오는 피로, 생리적인 호르몬
분비의 난조에서 오는 피로 등으로 설명된다. 피로를 푸는 방법으로는 영양공
급, 휴식, 적절한 운동 등을 들 수 있는데, 현대 사회의 노동형태는 극히 일부
를 제외하고는 중노동–극도의 피로감을 주는 것–은 별로 없다. 오히려 단순
노동이나 정신 집중을 요하는 노동형태가 일반적이다.
근육 자체의 피로가 문제되지 않는다면, 업무와 관계없는 색다른 레크리에

이션 활동에 의한 피로회복과 건강효과는 극히 바람직한 것이다. 적당한 신체적 움직임을 수반한 레크리에이션 활동은 신경계의 피로회복은 물론 호르몬의 조화를 바로 찾는 데에도 효과적이다.

(2) 신체적인 건강효과

수영, 등산, 무용, 게임 등의 레크리에이션 활동에 즐겁게 열중하여 전반적으로 운동부족현상을 자연스럽게 벗어버리고 적당한 피로에 의해서 얻어지는 체력향상과 건강효과는 레크리에이션 활동에서 기대되는 실로 중요한 효과라 할 수 있다.

(3) 정신적인 효과

생활의 많은 제약에서 벗어나 즐거운 레크리에이션 활동에 참가한 사람은 정신적으로 편안한 휴식의 느낌은 물론 마음의 안정을 얻게 되고 기쁨을 체험하게 된다. 이것이 레크리에이션 활동을 통해 얻어지는 정신적인 효과이다. 소위 현대병이라 불리는 노이로제, 신경성 심장병이나 위장질환 등은 마음의 건강을 통하여 탈피할 수도 있는 것이다.

(4) 사회적인 효과

인간관계의 개선을 도모할 수 있으며 사회 시민성의 발달효과를 레크리에이션으로서 기대할 수 있다. 격변하는 사회, 경쟁사회에서 인간소외현상과 극심한 이기주의적인 현실을 레크리에이션 활동을 통하여 탈피하고 진정한 인간 본연의 자세로 돌아와 밝고 명랑한 인간관계를 형성하는 계기가 될 수 있다. 또한 레크리에이션은 시민 상호간의 교류에서부터 연대감, 친화감, 향토애도 기대할 수 있다. 나아가서는 심신의 건강, 범죄예방과도 연결되어 가치 있는 명예로운 시민을 육성하는 데 공헌하기도 한다.

(5) 지적인 효과

풍요로운 인생을 위해서는 지적인 면으로 볼 때 지식의 획득도 필요하지만 보다 중요한 것은 지성의 획득에 있다고 할 수 있다. 우리는 서적을 통하여 인생을 배우기도 하지만 인간적인 아름다움을 재창조해 나가는 즐거움은 당연히 레크리에이션 활동에서 기대되는 효과이다.

(6) 예술적인 효과

사람들은 예술을 감상하는 데서 감동을 느끼며, 예술을 창작하는 데에서 기쁨을 얻는다.

레크리에이션의 가치는 창조하는 데 보다 큰 가치가 있다. 그 가치는 자기 표현의 이상적인 모습이며 완성을 향하는 즐거운 노력이다. 레크리에이션 활동 중 무용, 미술, 음악, 공예, 연극, 영화 등의 활동에서 그 효과를 기대할 수 있다.

3) 현대 레크리에이션의 흐름

오늘날 레크리에이션의 흐름에는 세 가지로 나누어 생각할 수 있다.

그 첫째는 생산능률의 향상이다. 레크리에이션은 다만 기쁨과 즐거움을 줄 뿐만 아니라 일에 대한 능률을 높이는 데도 좋은 구실을 하고 있다. 레크리에이션이 종업원의 생산능률뿐 아니라 학생들에게도 학업능률을 높이는 데 큰 역할을 하고 있다. 이러한 결과는 여러 연구에서 밝혀지고 있다. 종업원의 능률향상의 연구에서는 긴장의 해소와 동시에 다음 활동의 촉진제 역할을 해주기 때문이라고 밝힌다.

그 다음은 행복의 추구라는 면이다. 레크리에이션의 궁극적인 목적은 행복한 삶을 누리는 데 있다. 그러기에 레크리에이션이 인간의 기본적 욕구로서 행복한 삶을 추구하고자 하는 것은 너무나 당연한 것이다. 레크리에이션은 우리에게 참다운 희열과 만족과 자유와 행복을 가져다주는 활동으로서의 의미를 강조하고 있다.

마지막으로 교양 및 인격의 향상이다. 레크리에이션 종목 가운데 크게 나누어 지적, 사회적, 예능적, 신체적, 취미적, 관광적 레크리에이션 등 6개 분야로 이루어져 있다. 우리는 여가를 통해서 각자가 즐길 수 있는 다양한 종목을 통하여 폭넓은 교양을 쌓게 되면서 자기완성의 기회를 갖게 된다. 또한 민주적 인간관계가 맺어지며, 사회적 성격이 발달되면서 교양과 인격을 갖추게 된다.

5. 레크리에이션의 분류

레크리에이션은 어디에 더 중점을 두느냐에 따라 다르게 나눌 수 있기에 여러 가지 분류 방법이 있다. 예를 들면 레크리에이션 활동이 전개되는 기관에 따라 민간 레크리에이션, 공공 레크리에이션, 상업 레크리에이션으로 나눌 수 있으며, 대상에 따라서는 유아 레크리에이션, 청소년 레크리에이션, 성인 레크리에이션, 노인 레크리에이션, 특수 레크리에이션으로 나누며, 장소에 따라서도 나눌 수가 있다.

여기서는 먼저 대표적으로 레크리에이션을 분류한 카치스와 존스의 분류 방법을 소개하고, 장소에 따른 레크리에이션 분류를 다뤄 보기로 한다.

1) 카치스의 분류

① **지적 레크리에이션** : 독서, 사색, 수집, 탐험, 연구 등의 활동 등
② **예술적 레크리에이션** : 음악, 회화, 연극, 영화, 미술, 전시, 수예, 공작, 조각 등
③ **신체적 레크리에이션** : 스포츠, 산보, 등산, 게임, 캠프, 야외활동 등
④ **사회적 레크리에이션** : 집회, 좌담, 토론, 행사, 단체 활동 등

2) 존스의 분류

① **도피적 활동** : 노동이나 업무의 긴장으로부터 해방을 구하는 활동으로 스포츠, 야외활동, 즐거움을 위한 독서를 들 수 있다.

② **교양 및 감상적 활동** : 지적, 도덕적, 정신적 향상을 위해 인간으로서의 교양을 높이는 활동으로 문학작품의 독서, 음악, 미술 등의 감상, 고적 답사 등이 여기에 속한다.

③ **창조적 활동 :** 조작하는 것에 의해 자기표현을 즐기는 활동으로 미술공작 등이 여기에 속한다.

④ **봉사적 활동 :** 스스로의 의지로 봉사하는 활동으로 일요학교, 소년 그룹의 지도, 환경미화 작업 등이 여기에 속한다.

3) 장소에 따른 분류

① **가정 레크리에이션** : 좀 더 재미있고 즐거운 가정생활을 위하여 가정 또는 가족과 함께 즐기는 레크리에이션이다.

② **학교 레크리에이션** : 학교생활을 즐겁게, 교우관계를 새롭게, 인간관계를 좀 더 깊게 하기 위한 여가 학습으로 학교 내에서 주로 행해지는 레크리에이션 활동을 말한다. 넓게 말해서 학교 교육의 한 부분이라고 할 수 있다.

③ **직장 레크리에이션 :** 기업체가 그 종업원 스스로 또는 경영자의 협력과 협조 하에 이루어지는 레크리에이션 활동이다.

④ **지역사회 레크리에이션 :** 공공기관이 중요한 역할을 수행하며, 민간단체, 상업시설도 포함되어 다양한 레크리에이션 활동이 전개된다.

⑤ **병원 레크리에이션** : 병원의 환자를 위하여 행해지는 레크리에이션 활동이다. 특히 환자의 치료에 도움을 주는 경우 그 요법을 'Therapy of Recreation'이라고 하며, 우리나라의 경우 이 영역이 더욱 진보되어 전문화되고 있다.

⑥ **군인 레크리에이션** : 군부대에 근무하는 사람들이나 군인들과 예비군을 대상으로 행하는 활동이다.

⑦ **교회 레크리에이션** : 교회나 종교 단체가 회원을 위하여 행하는 레크리에이션 활동으로 YMCA, YWCA 등의 레크리에이션 활동도 여기에 포함된다.

6. 레크리에이션과 놀이, 여가와의 관계

레크리에이션은 여가와 밀접한 관계가 있다. 그러기에 레크리에이션을 여가선용이라고 말하는 사람도 있다. 그러나 여가선용에는 레크리에이션뿐 아니라 부업, 종교 활동, 학습 활동, 사회봉사활동, 단순한 휴식 등도 포함되기 때문에 여가선용이 꼭 레크리에이션이라고는 말할 수 없다. 그러나 레크리에이션은 여가를 이용하여 행하는 활동임에는 틀림없다.

따라서 여가가 자유로운 시간으로 정의된다면, 레크리에이션은 그 시간에 행해지는 활동이며, 일반적으로 조직화된 활동으로 사회적 목적을 위해 사회적으로 조직된 활동이라고 말할 수 있다. 즉 여가는 그 시간적 요소가 강조되는 데 비해서, 레크리에이션은 그 여가에 따른 어떠한 형태적 행동을 보태는 것이라고 말할 수 있다. 또한 본질적으로 만족을 의미하는 어원상의 개념은 여가이며, 재창조적으로 사회적 의미를 갖는 것은 레크리에이션이다.

레크리에이션과 마찬가지로 놀이는 자유와 만족을 강조하는 여가의 정의와 구별될 수 없는 방식으로 정의된다. 가장 간단한 정의 하나는 "놀이는 자신을 위한 자기표현"이다. 놀이(play)라는 용어는 앵글로 색슨어인 'plega'에서 유래되었는데 그것은 경기, 운동, 심지어 싸움을 의미하는 것이었다. 고대의 경기들은 전투를 모방한 형태로 나타난다. 그러면서 놀이요소는 행위의 심각하지 않은 면을 강조하여 발전시킨 것이다.

대부분 사람들은 놀이를 어린이들의 활동으로 생각하고 여가는 어른들의 참가로 인식한다. 그러나 어른들도 비록 덜 육체적이고 더 복잡하더라도 역시 놀이를 한다. 따라서 놀이와 여가는 본질적으로 같은 방식으로 정의될 수 있다. 놀이와 여가는 "어떤 내적인 만족을 위해 자유로이 선택된 활동"인 것이다. 레크리에이션은 여가를 어떤 양적인 의미에서 사용하는 것이며, 특별히 이것이 어린이들에게 있어서는 '놀이'라고 불리고, 어른들에게 있어서는 '레크리에이션'이라고 불릴 뿐이다.

7. 레크리에이션과 체육(體育)

현대에 있어서 고도의 유희는 20세기의 문명과 아울러 민주적 성격을 가지고 일반 대중이 협력하여 만들어낸 산물이다. 유희와 레크리에이션은 어느 지방이나 어느 시대에도 행해졌으나, 그 가치는 결코 같은 것은 아니었다.

권력사회에 있어서는 이것은 지배계급과 국가, 목적에 의하여 행해졌고 일반 시민은 이것을 자유로이 행하지 못하였다. 일반 시민은 여가가 생기면 기분을 풀기 위하여 놀고, 또 지배자가 만들어 준 휴일에는 아무 계산도 없이 술과 음식을 먹고 놀았다. 개인의 자유로운 여가를 갖게 된 것은 근세에 이르러서 비롯된 것이다.

즉, 근세에 이르러 산업이 발전되고 사회성이 복잡해짐에 따라 인간 생활이 자연으로부터 멀어지고, 한편 기계문명으로부터 받는 영향이 심해지므로 인간 생활에서 유희의 정신이 없어져 신체와 정신에 관한 질병이 많아지는 결과를 초래하였다. 그러므로 사회인들은 심신의 건강을 다시 찾고 기계적 생활에서 일시나마 해방되어 자기표현의 기회를 갖고자 유희를 높이 평가하고 유희를 할 시간적 여유를 가지려고 노력하게 되었다.

이렇게 체육은 신체를 단련시켜주는 것으로 레크리에이션 활동을 원활하게 하였으며 현대인의 건강증진에도 큰 도움을 주었다.

8. 사회복지와 치료 레크리에이션

레크리에이션과 사회복지와의 관계는 밀접하다. 특히 장애인복지에서의 재활과 치료 레크리에이션과의 관계는 매우 중요하다. 그리고 선진국에서도 사회복지에 다양한 레크리에이션 기법을 도입하고 있다. 그러므로 우리나라에서도 사회복지 분야에 레크리에이션을 도입해야 할 것이다.

1) 치료 레크리에이션의 개념

신체적 · 정신적 · 사회적 행동을 바람직하게 변화시키고 개인의 성장과 발전을 증진시키기 위하여 레크리에이션 서비스를 활용하는 의도적인 개입과정이다. 즉 치료 레크리에이션은 부족한 기능을 회복시켜 병을 다스려 낳게 하는 것을 목표로 한다(예 : 미술치료, 음악치료).

치료 레크리에이션을 정의해 보면 다음과 같다.

- 치료 레크리에이션은 특별한 욕구와 문제를 가지고 있는 사람들의 행동을 변화시키기 위해 사용하는 레크리에이션 경험의 과정이다.
- 치료 레크리에이션은 레크리에이션과 여가활동을 통해 문제를 방어 또는 해결하도록 돕거나 클라이언트의 성장을 돕기 위한 계획적이고 의도적인 개입이다.
- 치료 레크리에이션은 질병과 장애로 고통받고 있는 사람의 욕구를 충족시킬 수 있도록 계획된 특별한 활동으로서 레크리에이션을 제공하는 전문적인 서비스이다.
- 치료 레크리에이션은 개인의 성장과 발전의 도보를 위해 신체적 · 정신적 · 사회적 행위의 변화와 그 안에서의 특수한 목적을 위한 레크리에이션의 전문화된 적용을 말한다.
- 치료 레크리에이션은 특별한 목적을 성취하기 위한 레크리에이션 활동이나 경험의 체계적인 과정으로 불리기도 한다.
- 치료 레크리에이션의 독특한 기능은 건강의 유지 또는 회복에 도움을 주는 여가활동과 여가 경험의 수행에서(일반적 레크리에이션 참여를 포함) 클라이언트를 돕는 것이다.

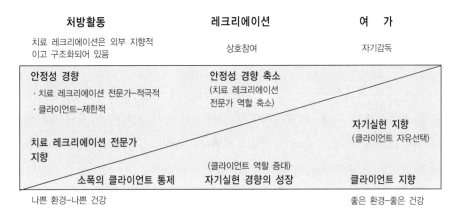

그림 1-1 치료 레크리에이션의 연속성

위에 제시된 많은 정의들의 내용 중에 공통으로 포함되어 있는 개념들은 다음 그림 1-1과 같다.

의도적으로 레크리에이션의 개념을 두 가지로 살펴본다면 첫째는 회복, 즉 건강에 위협이 따를 때 치료 레크리에이션은 안전화의 수단이 된다. 다시 말해 건강을 보호해 준다. 둘째는 자기실현을 이루도록 여가를 통해 자신을 개발시켜 준다. 즉, 건강을 증진시켜 준다.

클라이언트가 나쁜 환경에서 나쁜 건강 상태에 있을 때에는 치료 레크리에이션이 처방활동의 성격을 갖게 되며 이 시기에는 클라이언트의 안정성 경향을 위해 치료 레크리에이션 전문가가 중심이 되며 반면 클라이언트의 선택은 제한성을 갖게 된다. 클라이언트가 좋은 건강을 갖게 되는 과도기의 클라이언트는 레크리에이션 활동을 통해 상호 참여의 기회를 갖게 되면서 안정화가 점차로 축소된다.

반면에 클라이언트의 역할이 증대되면서 자기실현화 경향이 증진된다. 클라이언트가 좋은 환경에서의 좋은 건강 상태가 되면 치료 레크리에이션 활동은 클라이언트가 자기감독을 통해 선택을 자유롭게 할 수 있는, 즉 클라이언트 지향의 경향을 갖게 된다.

2) 치료 레크리에이션 활동

(1) 활동의 목적과 목표

모든 치료 레크리에이션 경험은 개인의 성장과 발달에 기여하고 개인의 욕구를 충족시켜야 한다. 지역사회와 다양한 시설에서 시행하는 치료 레크리에이션은 기회와 서비스 형태가 적합하려면 특수인구 집단의 전체 삶에서의 성장과 발달의 욕구와 관심에 대비할 수 있어야 한다.

중점을 두어야 할 영역은 세팅에 따른 다양한 치료적 활동과 특수 인구집단의 제한점, 사회적 변화와 발전 그리고 사회적 상황에 의해 영향 받는 개인이나 집단의 욕구이다.

현대 치료 레크리에이션 전문가는 전인의 개념을 강조한다. 이것이 기본적인 개념은 아니지만 최근 각 인간 존재의 특성인 '개체'의 본질을 강조하는 많은 표현 중에서 가장 간결하고 핵심적인 표현이다.

심리학자 비너(Wiener)는 "전인적인 각 부분의 합 이상이며 만약 우리가 이 생각을 따른다면 우리는 이 전인을 다루어야만 한다."라고 말했다.

결론적으로 활동의 목적은 특수인구 집단의 신체, 정신, 정서, 사회, 심리 그리고 지적인 성장과 개발의 증진이다. 그러나 전문가는 그가 전인을 다루고 있지만 각 개인은 고유의 문제를 가지고 있는 각각 다른 사람이기 때문에 전체를 증진시키기 위해 부분들을 생각할 필요가 있음을 인식해야 한다.

(2) 활동의 가치

① 진단과 평가를 돕는다.
② 병원이나 시설의 일상생활에 적응하도록 돕는다.
③ 성장과 발전을 증진시킨다.
④ 상호인간관계를 통해 사회성을 증진시킨다.
⑤ 창조의 기회를 제공하고 새로운 기술의 개발과 기존 기술의 활용을 돕는다.
⑥ 자신의 미래에 대한 긍정적인 태도를 갖게 한다.

⑦ 현실생활에 접근 가능하도록 한다.

⑧ 적대적이고 공격적인 감정을 발산할 수 있는 장을 제공한다.

⑨ 건전한 취미활동을 증진시킨다.

⑩ 일상생활을 위해 준비를 하도록 한다.

(3) 활동의 영역

① **미술과 공예** : 수채화, 유채화, 스케치, 도예, 목각, 조각, 뜨개질, 자수, 대나무 세공, 가죽공예 등

② **춤** : 사회적, 창조적 활동에서 즐거움과 만족감을 줄 수 있는 형태

③ **드라마** : 뮤지컬 관람, 동작연출(제스처 게임), 팬터마임, 인형극, 무언극, 꼭두각시, 이야기하기, 시나리오 쓰고 연기하기 등

④ **관람과 오락** : 경기를 관람하는 것과 오락 활동

⑤ **취미활동** : 학습, 조립, 창작, 수행

⑥ **문학활동** : 감상문 쓰기, 작시, 문학 활동에 참여하기, 논쟁하기, 이야기하기, 신문 만들기

⑦ **음악** : 클라이언트는 음악활동에 능동적으로 참여함으로써 심리적 안정을 얻을 수 있으며 창조적 활동의 기회를 갖게 되고 성취와 성공을 통해 심리적 안정을 얻을 수 있다.

⑧ **자연과 야외 레크리에이션 활동** : 자연과 야외 레크리에이션 활동은 신체적·정서적·사회적으로 인간을 건전하게 한다. 하이킹, 탐험, 카누, 수영, 낚시 등

⑨ **옥외활동** : 미술전시회, 식물원, 동물원, 박물관, 공원에 소풍가기, 역사관이나 과학관 등

⑩ **신체적 활동** : 체조와 스턴트, 곡예, 집단이나 팀게임, 릴레이경주, 달리기나 사냥 그리고 개별, 단체, 스포츠 활동 등

⑪ **사회적 활동** : 소풍, 생일파티나 댄스, 바비큐파티나 테이블 게임 등

⑫ **특별한 이벤트 참여** : 의상전시회, 패션쇼, 수공예전시회 다양한 경연대회 등

⑬ **자원봉사활동** : 소외된 사람을 위한 여가의 한 부분으로 서비스 제공

3) 치료 레크리에이션 과정 및 서비스 모델

(1) 치료 레크리에이션 IPO 모델

치료 레크리에이션은 투입, 과정 산출의 IPO 모델(그림 1-2)에 따라 그 과정이 이루어진다.

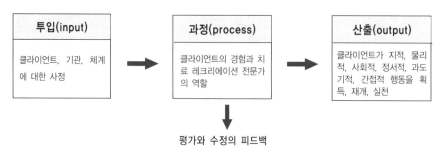

그림 1-2 치료 레크리에이션 IPO 모델

(2) 치료 레크리에이션 과정

① **치료 레크리에이션의 사정** : 클라이언트와의 관계형성이 매우 중요하며 최상의 관계형성이 이루어졌다고 해도 처음과 마찬가지로 객관적이고 진솔해야 한다.

② **치료 레크리에이션의 계획** : 일반적 목적과 구체적인 목표를 세우고 프로그램 전략, 접근법을 구체화하고 평가방법을 정한다.

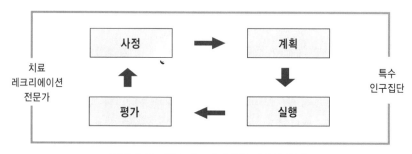

그림 1-3 치료 레크리에이션 과정의 주기

③ **치료 레크리에이션의 실행** : 전문가의 인간상호관계능력, 관찰기능, 의
　 사결정능력, 기술적 기능

④ **치료 레크리에이션의 평가** : 계획된 프로그램이 효과가 없었다면 수정,
　 재실행, 재평가가 필요하다.

(3) 치료 레크리에이션 서비스 모델

① 치료 서비스

• 체력향상, 신체기능 증진, 신체발달 자극
• 현 수준의 신체기능 유지, 인지기능 증진
• 인지발달에 자극, 현 수준의 인지기능의 유지
• 사회적 수준의 인지기능의 유지
• 언어와 자기표현 증진
• 정서반응 자극, 회피행동 증가, 적절한 정서표현 촉진
• 질병과 장애 조건에 감소, 이상행동이나 버릇의 감소
• 독립성과 의사결정능력 증진, 개인감정인식의 증진

② 여가교육 서비스

• 여가에 대한 중요성 인식 개발
• 놀이와 여가에 관련된 자기인식 개발
• 개인 여가태도와 가치 탐구, 여가문제 해결능력 개발
• 여가자원과 그 사용에 대한 지식획득, 여가기회 지식 확대
• 지역사회 레크리에이션 프로그램 안으로의 통합
• 자기절제된 여가행동 자극
• 개인 여가철학의 개발 원조, 사회적 상호작용 기술 개발
• 새로운 여가기술 획득, 개인 여가기술 증가
• 새로운 여가기술 영역 참여 제공
• 여가기술 영역의 상급 수준 개발

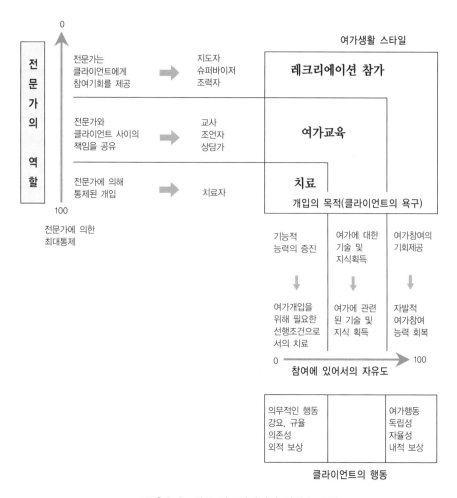

그림 1-4 치료 레크리에이션 서비스 모델

③ 레크리에이션 참여 서비스

- 이미 획득한 여가기술 관여 촉진
- 여가에서 자기표현 촉진
- 사회적 상호작용 기회 제공
- 건강과 체력조건 유지 권장
- 다양한 신체적 · 정신적 · 정서적 · 사회적 기술의 통합을 위한 환경 제공
- 다른 치료 프로그램의 강화와 지지 기회 제공

- 창조적이고 자기조절된 여가참여 기회
- 즐거움과 만족감의 기회 제공

4) 치료 레크리에이션 전문가

(1) 전문가 자격요건
- 놀이, 레크리에이션, 여가에 대한 이론 및 지식
- 인간 발달론
- 해부학과 생리학
- 인간 본질에 대한 기본적 가정
- 다양한 진단 범주의 병인학, 과정, 예후
- 병의 후유증
- 전인(whole person)으로서의 클라이언트에 대한 인식
- 주요 약물의 효과
- 클라이언트와 일하기 위한 건강과 안전 정보
- 의학적 · 정신과적 전문용어
- 질병과 장애에 대한 태도
- 치료사로서의 자기 인식
- 다양한 레크리에이션, 여가활동의 리더십(예술, 조각, 캠핑, 게임, 스포츠 등)
- 집단 리더십의 이론과 기법
- 클라이언트 참여를 위한 지역사회 여가자원
- 활동분석 절차
- 치료 목적을 충족시키기 위한 신중한 활동선택
- 상호인간관계의 기술
- 여가상담 이론과 기법
- 클라이언트의 사정
- 치료목표의 체계적 공식화

- 행동목표의 진술
- 치료와 재활의 계획
- 치료와 재활접근법의 이론과 적용
- 학습, 교수 방법의 원칙
- 행동관리기법
- 개입결과에 대한 평가
- 클라이언트에 대한 기록과 문서작업
- 의뢰(referral) 절차
- 특수질병과 장애에 대한 원조기법과 적응계획
- 윤리적이고 전문적 실천기준
- 치료 레크리에이션에 관한 법규
- 정상화와 통합을 위한 절차
- 임상적 슈퍼비전을 주고받는 것
- 건강보호의 성분으로서의 치료 레크리에이션 역할
- 다학문적인 치료 팀의 역할과 기능
- 관련 전문가의 역할과 기능
- 최근 전문적 쟁점과 경향(인가, 자격기준)
- 실천 철학에 영향을 주는 치료 레크리에이션의 역사적 기초

(2) 전문가의 역할

① 행정가

② 슈퍼바이저

③ 컨설턴트

④ 지역사회 조정자

⑤ 교육자

⑥ 상담자

⑦ 조사자

⑧ 지도자

제2장

레크리에이션의 지도자

레크리에이션 활동의 구체적인 지도 방법은 체험과 학습을 통해서 배우고 익혀야 하기 때문에 이를 지도할 지도자가 필요하다.

지도자는 누구에게나 평등하게 기회를 제공하고 물질적 · 정신적인 바탕을 제공하여 생활 습관을 계몽하고, 참가자 모두가 만족할 수 있도록 도와주어야 한다.

지도 방법에는 민주적 · 독재적 · 방임주의적 지도법 등이 있는 데 궁극적으로는 자발적으로 활동할 수 있는 방임주의 지도법에 이르러야 한다. 하지만 그렇게 되기 위한 중간 과정(민주적, 독재적 지도법)이 적절히 혼용되어야 한다.

1. 레크리에이션 지도자의 자격

레크리에이션에 관한 기획, 프로그램 진행, 관리 등을 성공적으로 수행하느냐 못하느냐의 여부는 오직 지도자의 역량에 의존한다. 레크리에이션의 발상지라 할 수 있는 미국의 레크리에이션 협회에서 레크리에이션 지도자의 자격을 다음과 같이 설정했다.

① 개인의 가치와 존엄성을 인정하려는 의식

② 사람들의 흥미나 요구에 대한 이해

③ 생활의 기쁨이나 사는 수단에 대한 이해 및 그것을 실현하려는 열의

④ 유머(humor)

⑤ 봉사하려는 의욕

⑥ 창조적 표현을 통해서 개인의 성장 및 발달에 대한 관심

⑦ 다른 사람의 의견 및 개성에 대하여 가지는 호의적인 태도

⑧ 예리한 통찰력

⑨ 민주적으로 사물을 보고 운영해 나가는 능력

⑩ 민주적인 진행 방법과 자치의 가치에 대한 확신

⑪ 기분 좋은, 또 호의적인 성격

⑫ 조직력

⑬ 생산적 에너지와 열의

⑭ 사람들과의 협조성

⑮ 심신의 건강

2. 레크리에이션 지도자의 사전 준비 사항

레크리에이션을 실시하기 위해 지도자가 사전에 준비해야 할 사항은 구체적으로 다음과 같다.

① 행사 전에 행사를 할 수 있는 장소를 선택해야 하며, 참가자의 성격을 파악하여 연령과 지위를 초월시킴으로써 행사 분위기를 살려야 한다.

② 게임에 있어서 게임의 내용을 완전 소화시키고, 짧은 시간 내에 참가자를 이해시키고, 경우에 따라서는 임기응변할 수 있는 사전 준비가 되어 있어야 한다.

③ 게임은 활동적이고 의욕적인 것이어야 하고, 특수한 분야에 대한 것보다는 대중적인 것이 많아야 한다.

④ 게임에 의미를 부여함으로써 참가자의 지적 향상 및 레크리에이션의 특

수성을 갖게 하고, 여가 선용을 주장해야 한다.

⑤ 피곤해 해선 안 되고 진행 도중 절대로 화를 내지 말고 항상 활동적이고, 명랑한 분위기를 만들어야 한다.

⑥ 게임에 있어서 창작적 요소가 많은 것을 가르쳐 주어야 하고, 그 게임과 호흡이 맞아야 한다.

⑦ 경험이 많아야 하며, 새로운 게임은 장단점을 찾아내어 실용화한다.

⑧ 안전사고에 대비를 한다- 시설과 환경 요인, 도구 및 지도 요인.

⑨ 행사가 끝난 다음에는 반드시 평가하는 습관을 가짐으로써 다음에 대처할 수 있는 마음가짐을 갖는다.

⑩ 행사에 관한 모든 것을 기획하고 문서화시킨다.

⑪ 여유 있게 프로그램을 준비하고 평가를 통해 다음 행사에 대비한다.

3. 레크리에이션 지도자로서 갖출 점

레크리에이션의 지도자가 갖추어야 할 내용은 다음과 같다.

① 행동적일 것

② 시간을 잘 지킬 것

③ 음악을 알 것

④ 율동을 알 것

⑤ 풍부한 언어 구사

⑥ 연출을 할 것

⑦ 겸손할 것

⑧ 명령적일 것

⑨ 게임의 기교를 알 것

⑩ 정확한 대상의 파악

⑪ 침착할 것

⑫ 대담할 것

⑬ 갈팡질팡하지 말 것

⑭ 유연성을 풍부히 할 것

⑮ 임기응변에 능할 것

⑯ 첫인상은 부드럽게

⑰ 행사 분위기에 어울리는 복장

⑱ 자신 있는 얼굴 표정

⑲ 성냄과 지치는 것은 금물

⑳ 자료를 아껴서 쓸 것

4. 레크리에이션 지도자의 관중 공략법

① 첫째도 개성, 둘째도 개성- 남자는 개성 있게, 여자는 빨리 자기의 개성
   을 찾아라.

② 준비, '시작'이란 구호를 꼭 붙여라.

   - 가사 첫마디가 제목이 되는 경우가 있다. 정확한 제목을 알려 줘야 한다.

   - 첫음을 잡아줘라!

   - 지금부터 '고향의 봄' 노래를 불러보겠습니다. 준비, 나의 살던, 하나
     둘, 시작(2/4, 4/4- 하나, 둘 시작. 3/4, 6/8- 하나 시작)

③ 웃어라 ! 웃는 얼굴에 침 못 뱉는다.

   - 살면서 이것만 생각하면 웃음이 나는 일을 생각하면서 웃으며
     "안녕하십니까? 레크리에이션 지도자 ○○○입니다."

④ 오버해라!

     "자기는 자기를 자기라고 부르는데 자기는 자기를 뭐라 불러야 돼 자기!

⑤ 발음이 정확해야 한다.

   - 저 잉꼬새장 안에 있는 잉꼬새는 알을 깐 잉꼬새인가 알을 안깐 잉꼬새
     인가 ?

   - 중앙청 창살 쌍창살 ! 경찰청 창살 쌍창살 ! ('ㅊ'과 'ㅋ'의 발음 어려움)

⑥ 스킨십을 이용해라.

- 오른쪽으로 돌아. 주물러 주세요. 밑으로 두 손을 모아 머리를 두들긴
  다. 이게 그 유명한 골 때리는 것입니다. '나의 살던 고향은' 노래에 맞
  춰 주무르다가 간지럼.

⑦ 얼굴에 두꺼운 철판을 깔아야 한다.

  - 친척 중 포항제철에 근무하는 사람이 있어야 한다.
  - 1. "나는 할 수 있다."
    2. "나는 뻔뻔하다."(5번씩)
    3. 디스코 시작(제2의 애국가에 맞춰- 남행열차)
    4. 무슨 얘기든지 30초 동안 수다 떨기

제3장

이벤트 기획론

1. 이벤트란

(1) 어 의

간단히 정리하긴 어렵지만 행사, 경기, 사건, 사고, 발생한 일 등으로 해석된다. 그러나 사건이나 사고는 부정적인 '좋지 않은 일'이나 '원하지 않은 일' 또는 '계획되지 않은 일'인 데 반해, 행사나 경기는 긍정적인 '좋은 일'이나 '했던 일' 또는 '계획된 일'을 뜻한다.

(2) 느 낌

이벤트 행사는 긍정적인 좋은 느낌을 갖는 행사이다.

세계의 기자들이 선정한 20세기 10대 뉴스 중 1위는 일본의 히로시마에 떨어졌던 원자폭탄 투하 사건이고, 2위는 아폴로 11호를 타고 인간이 달에 착륙한 것이다. 그러나 인류 최고의 이벤트는 아폴로 11호를 타고 인간이 달을 밟은 것이다. 왜냐하면, 부정적이고 원하지 않은 일은 이벤트가 아니기 때문이다.

문제를 하나 풀어보자.

"체납된 세금내기 대행진!"이란 플래카드를 만들어 붙이고 세금수납을 위한 행사를 한다면 이벤트가 될 수 있을까, 없을까?

물론 답은 '없다'이다.

2. 이벤트는 어떤 행사인가

(1) 차별화된 행사

새로운 감동과 교류를 위한 이벤트를 위해선 지금까지 느낄 수 없었던 차별화된 행사이어야 한다. 그러기 위해, 높은 기획성과 뛰어난 연출 그리고 뜻을 가진 행사이어야 한다. 여기서 주의할 사항은 '별난 짓'은 이벤트가 아니라는 것이다.

(2) 특별한 목적 행사

어떤 조직이나 개체가 특별한 목적을 갖고 대중을 움직이고 감동을 주는 목적행사가 이벤트이다. 일상적으로 단순하게 반복되는 것들은 이벤트라 할 수 없다. 그러나 의외성을 만들기 위해 너무 화려하거나 깜짝 놀라게 차리라는 것이 아니다. 오히려 소박하면서도 사람의 심금을 울리는 것이어야 한다.

3. 이벤트의 본질

(1) 이벤트의 태동과 성장

물질의 풍요가 정신의 풍요를 갈구하게 되는데, 정신빈곤의 탈출을 위해 이벤트에 몰입한다. 일반적으로 국민 개인소득 5천 달러에 태동하여 7,500달러에 소비사회로 들어가며, 1만 달러에 활성화되어 생활화된다.

(2) 왜 이벤트가 필요한가

사람과 사람 사이에, 새로운 감동과 따뜻한 마음의 커뮤니케이션(communication)이 있다면 인간의 삶을 행복하게 해 준다. 인간의 행복! 이것이 이벤트가 추구하는 길이다.

(3) 누가 이벤트를 하나

이벤트 연출도 하나의 기능이다. 따라서 누구라도 개발하면 이벤트 연출력을 갖출 수 있다.

감동과 행복을 추구하는 이벤트 행사는 이벤트 전문가들의 전유물이 아니다. 누구나 이벤트 전문가가 될 수 있다.

(4) 이벤트의 속성과 미디어

이벤트는 상업성을 띠면서 동시에 인간의 감각기관을 통한 미디어적인 속성을 갖고 목적을 달성한다.

(5) 5감각을 통한 6감각 자극

이벤트는 인간의 5감각인 시각, 청각, 촉각, 미각, 후각을 자극해 6감각인 생각을 자극해 목적을 달성한다.

(6) 이성이 아닌 감성에 호소

재미와 흥미 그리고 설렘은 이성이 아닌 감성의 영역이다. 이벤트는 감성에 호소를 하여 목적을 달성한다.

(7) 오락성

인간은 본래적으로 '놀이하는 동물'이다. 놀이는 오락성을 띠고 있고, 이 오락성을 통해 목적을 달성한다.

(8) 상업성

이벤트는 철저히 이익기능이 있어야 한다. 행사를 위한 비용은 그 이상의 효용을 얻기 위해 투자된다. 공공의 이익을 위한 순수 행사와는 다른 목적 행사이다.

(9) 선진적인 인간관계

창의력과 상상력이 없으면 효율적인 인력관리를 해내기 어려운 시대가 되었다. 이제는 규율과 지시로만 사람을 움직이게 하는 것은 가장 비능률적인 방법이 되었다. 마치 관객을 대하듯 그들을 매료하고, 감동시키고, 스스로 움직이게 하는 이벤트가 필요하게 된 것이다.

4. 이벤트의 분류와 형식

(1) 세대별 분류

1 세대 = 영구불변의 원초적인 인간 미디어(Face to Face)

2 세대 = 지면을 통한 시각 미디어(활자 인쇄)

3 세대 = 전파를 통한 청각 미디어(라디오)

4 세대 = 공중파를 통한 시청각 미디어(TV)

5 세대 = 멀티미디어를 통한 종합 미디어

* 도움말 : 이벤트는 1~5세대를 망라한다.

(2) 형태별 분류

① **유형 이벤트** : 하드웨어적인 전시, 구조물, 인테리어, 장비, 신제품, 도구 등의 가시적인 이벤트

② **무형 이벤트** : 소프트웨어적인 신기술과 기능 + 아이디어

③ **복합형 이벤트** : 하드웨어+ 소프트웨어적인 것의 혼합

(3) 내용별 분류

① **국제 이벤트** : 올림픽, 박람회, 국제 기술교류 등

② **국가 이벤트** : 전국체전, 인구조사, 국책사업 등

③ **사회 이벤트** : 캠페인, 공익을 위한 각종 행사 등

④ **기업 이벤트** : SP 이벤트, PR 이벤트, 고객과 사원들을 위한 이벤트 등

⑤ **개인 이벤트** : 창작 발표, 출판 기념, 소장품 전시 등

5. 이벤트의 핵심

이벤트의 핵심은 다음의 3가지로 압축할 수 있다.

(1) 동 원

이벤트에 있어서 인원동원이 안 되면 모두가 허사로 돌아갈 만큼 중요한 요소이다. 이를 위해 각종 홍보 전략과 대상들로 하여금 참석동기를 강하게 자극해야 한다. 볼거리가 있는 홍보전략, 공짜심리를 이용한 각종 경품, 참석해야 되는 대외명분 등을 제공해야 한다.

(2) 감 동

인원동원에 성공을 했어도 실제 이벤트 행사에서 감동을 주지 못하면 반쪽짜리 행사가 된다. 이벤트의 본질인 새로운 감동과의 만남이 없다면 다음을 약속할 수 없다. 이를 위해 예측불허의 상황을 전개해야 한다.

(3) 효용과 비용

이벤트는 상업성을 띠고 있기 때문에 철저히 이익기능이 있어야 한다. 효용이 비용을 앞지를 때, 비로소 이벤트 행사라 할 수 있다.

6. 이벤트 기획서

누가 보아도 일반적, 보편적으로 훌륭한 이벤트 기획서는 존재하지 않으나 다음 사항은 필수적으로 들어 있어야 한다.

(1) 기획서의 비중

이벤트의 준비는 기획이고, 기획에 의해 시작하고, 기획에 의해 흐르고, 기획에 의해 끝난다. 기획에서 성공해야 이벤트가 성공한다.

(2) 기획서 꾸미기

보통은 6하 원칙(5W 1H)에 의하나 이벤트는 6W 3H에 입각해서 기획서를 꾸민다.

    6W : When(실시 날짜와 시간)
           Where(계절별, 요일별, 날짜별 장소 선정)
           Who(주최측을 명확히)
           What(구체적인 내용)
           Whom(대상을 분명하게)
           Why(대외명분 확보)
    3H : How(실시 가부의 결정사항)
           How Long(실기 기간)
           How Much(비용 산출)

(3) 기획서의 형식

기획서는 소설이나 논문이라기보다는 좀 더 개인적인 편지나 일기에 가까운 것이라 생각하면 된다. 중요한 것은 읽는 사람이 충분히 이해를 하느냐의 여부에 달려 있는 것이지 형식이 아니다. 일기장(나)이 아닌 편지(너) 형식을 취한다.

(4) 기획서 끝내기

프레젠테이션을 통해 수정과 피드백을 만족할 때까지 한다. 모든 내용을 문서화한다. 가능하면 화면화(畫面化)한다.

7. 성공 이벤트를 만들려면

성공 이벤트를 만들기 위해 다음 사항을 명확히 한다.

(1) 첫 번째

① **언제** : 이벤트 시기의 결정은 쉬우면서도 의외성이 있어 신중을 기해야 한다.

② **어디서** : 장소의 선택은 이벤트 기획의 성공여부의 큰 영향을 준다. 누가 – 주최, 주관자가 누구인지를 명확히 한다.

③ **무엇을** : 이는 이벤트의 기획으로 가장 중요하다. 무엇을 개최하고 무엇을 진행할 것인지를 명확히 한다.

④ **어떻게** : 이벤트를 진행하는 방법은 초기 단계부터 확실하고 정확히 해두어야 한다.

⑤ **왜** : 이벤트를 해야 하는 이유를 설명하여 대외명분(對外名分)을 확보한다.

(2) 두 번째

프로 이벤트 기획자라면 어떤 계층이든 폭 넓게 인맥(人脈)을 형성하고 있어야 한다. 그렇지 못하면 프로라 할 수 없다. 또한 많은 정보를 확보하고 있어야 하고, 확보한 정보들을 처리, 정리, 가공하여 자신이 활용할 수 있게 데이터화 해 놓아야 한다. 대중이 왜 움직이고, 어떻게 하면 대중을 움직일 수 있는지를 알아야 한다. 정보를 음식재료라 한다면 데이터는 요리에 해당한다.

8. 한국과 일본 이벤트의 비교

(1) 일본 이벤트

일본은 '이벤트 천국'이라 할 수 있다. 일본은 1970년 오사카 만국박람회를 성공적으로 치른 후 이벤트가 본격적으로 발전을 했고, 정부에서는 이것이 지역사회와 국가 발전에 큰 도움이 된다는 판단 하에 정책적으로 육성했다.

1964년의 동경올림픽 이후 지금까지 많은 행정 주도형 이벤트를 치렀고, 현재는 7,000여 개를 넘는 관련 회사들이 있을 만큼 거대한 이벤트 시장으로 성장했다. 1년간 개최되는 정부 주도형의 이벤트는 약 2,000여 회, 민간 주도형은 10~20만 회에 이른다. 놀라울 정도의 '이벤트 천국'이다. 또 일본은 박람회, 올림픽 등을 제일 크게 생각하고 있고, 국책사업에 이벤트를 활용한다. 예를 들어, 간척사업을 하면서도 그곳에 박람회를 유치, 민간자본을 영입하여 간척사업을 완수하는 적극성을 보인다.

(2) 한국 이벤트

서구 유럽은 인간관계의 이벤트가 많고, 미국은 대통령 취임식이 제일 크다.

한국의 이벤트는 20~30년간 해 왔던 활동들이 ''86 아시안 게임'과 ''88 올림픽'을 치른 후, 본격적으로 이벤트 시장이 활성화되었다.

초기의 이벤트는 백화점 행사가 주종을 이룬 판촉 이벤트 그리고 치어리더 지원과 레크리에이션 지도자 제공 등의 체육대회 이벤트였다. 점차 대규모의 라이브 공연(live concert), 박람회의 전시관 기획, 운영, 광고, 관련 업종의 연결된 프로모션 이벤트, 그룹 차원의 체육대회, 한마음 대행진, 보람의 일터와 살맛나는 세상 만들기 등 기업문화운동 차원으로 점차 변모해 가고 있으며 고무적이다. 생활의 여유는 사람들을 다양한 이벤트로 눈길을 돌리게 한다.

9. 이벤트 산업이란

이벤트 산업은 첨단산업이다. 아이디어만의 싸움도 아니고, 떼돈을 벌 수 있는 투기산업도 아니다. 치밀한 계획과 풍부한 경험과 지혜를 나누며 체크리스트 (check list)를 가지고 현장에서 하나하나씩 확인하며 진행하는 고도의 테크닉을 필요로 하는 종합예술이다.

기획, 제작, 연출이 삼위일체가 되어야 하고 고도의 연출력을 요구하는 첨단 산업이다. 기업은 최대의 이익을 창출하기 위해 이벤트를 하는데, 기업은 사람들의 주머니를 털어놓고 싶어 하고 이벤트는 사람들의 주머니를 느슨하게 풀어준다. 자본주의의 꽃은 광고이고, 광고의 꽃(핵심)은 이벤트이다.

10. 기업의 사내 이벤트

기업의 사내 이벤트 형태는 체육대회, 워크숍, 야유회, 창립기념행사, 단합대회, 극기훈련, 연수교육, 송년파티 등이 있고 이것들 이외에도 기업의 실정에 맞는 계층별 특수교육, 가족 초청 프로그램, 부서간의 단합대회, 특별 해외연수, 복지 프로그램, 대규모 축제 등이 있는데 레크리에이션 지도자들이 이러한 것들을 진행하게 될 때 유념할 사항은, 기업의 사내 이벤트로 치러지는 모든 행사가 기업의 성장과 발전을 위하는 목적 프로그램인 것을 잊으면 안 된다.

11. 무대 꾸미기와 분류

이벤트 행사의 무대 꾸미기와 연극의 무대 꾸미기는 다소 차이가 있지만 무대 자체를 보면 많은 부분이 공통적이다.

연극 무대는 주로 실내에 꾸며지나 이벤트 무대는 실내 · 외를 가리지 않는다. 또 연극 무대는 위치와 날씨 그리고 계절에 따라 영향을 적게 받지만 이 벤트 무대는 비교적 영향을 크게 받는다. 그러나 무대를 세부적으로 구분하여 볼 때, 연극 무대와 이벤트 무대의 공통점은 다음과 같다(객석에서 무대를 보고 있을 때).

무대를 가로로 3등분하여 왼쪽을 '하수', 가운데를 '중앙', 오른쪽을 '상수'라 하고, 세로로 3등분을 하여 앞쪽을 '앞', 가운데를 '중앙', 뒤쪽을 '뒤'라고 한 다. 예를 들어 왼쪽의 앞부분은 '앞 하수'가 되고 뒤쪽은 '뒤 하수'가 된다. 그 러나 이벤트에서의 무대 분류는 '하수'와 '중앙' 그리고 '상수'로 많이 분류하고 위치마다 특징을 주어 다음과 같이 표현한다.

① **하수** : 친근한 곳, 길 가, 출입구 또는 만남의 장소(처음 시선)

② **중앙** : 근엄한 곳, 재판장, 주례, 의지를 강하게 표현하는 곳

③ **상수** : 상상을 초월한 세계나 사건, 살인 사건, 비정한 모략, 갈등 표현

제4장

프로그램 작성과 진행법 및 접근기법

1. 프로그램 작성 시 유의점

레크리에이션 프로그램의 작성 시 유의할 점은 다음과 같다.

① 참가자의 연령과 성별
② 흥미와 욕구의 정도 : 참가자들의 기대를 정확히 파악
③ 구성 성격 : 지식 정도, 직업별, 직책별, 기술과 능력의 정도
④ 모임의 목적
⑤ 행사의 종류 및 성격 : 파티, 강습회, 야유회, 단합대회, 체육대회, 창립
　 기념, 판촉 행사, 오픈 행사 등
⑥ 인원
⑦ 그룹이나 팀인 경우에는 그 조직
⑧ 장 소 : 크기, 시설, 명암, 실내, 실외 등
⑨ 시 간 : 계절, 낮과 밤, 시간의 길이 등
⑩ 유인물 : 악보, 행운권, 티켓, 포스터, 순서지 등
⑪ 게임에 필요한 도구나 시설 및 상품이나 기념품

⑫ 진행 협조자(staff) 등

2. 프로그램 진행시 유의점

레크리에이션 프로그램 진행시 유의할 점은 다음과 같다.

① 시간을 잘 지킨다.

② 지도자는 참가자들이 잘 보이는 위치와 지도자의 목소리가 잘 전달될 수 있는 위치를 선택한다.

③ 참가자들을 집중시키는 방법을 연구하여 언성을 높이지 않고도 자연스럽게 프로그램에 들어가도록 한다- 시작한 지 1~2분 안에!

④ 레크리에이션의 순서나 내용은 참가자들에게 쉽고 익숙한 것부터 시작해서 차츰 어려운 것으로 들어간다.

⑤ 게임의 설명은 되도록 간단명료하게 하고 복잡한 게임은 몇 개의 부분으로 구분하여 지도한 후 전체 게임으로 발전시킨다.

⑥ 프로그램 내용은 되도록 말로 설명하지 말고 시범으로 시작해서 저절로 게임에 들어가도록 힘써야 한다.

⑦ 말은 보통 목소리로 쉽게 하도록 애쓰고, 구호는 구령식 구호보다는 부드러운 구호 활용이 좋다.

⑧ 그때그때의 분위기를 빨리 파악하여 변경할 필요가 있을 때에는 자기의 고집을 버리고 내용을 바꾼다. 그리고 공백시간이 없게 프로그램을 이끌어 나간다.

⑨ 대형 변경이 필요하면 순서와 순서, 게임과 게임의 연결과정에서 자연스럽게 이루어지도록 한다.

⑩ 무엇보다도 지도자 자신이 프로그램에 열중하여야 한다.

⑪ 빈 공간이 없게 하면(좌석) 집중력이 좋다.

⑫ 진행 중 빠지는 사람과 구경만 하는 사람이 없이 모두가 참가할 수 있는

방법을 찾고, 특히 연로하거나 신체·정신 장애인과 같이 문제가 있는 사람이 있나 살펴서 그들의 마음이 상하지 않고 참여할 수 있도록 골고루 기회를 준다.

⑬ 분위기와 기분, 감정 등의 흐름이 시작에서부터 끝날 때까지 무리가 없는 흐름이 되도록 노력한다.

⑭ 순서마다 클라이맥스를 잘 포착하여 어디에서 끝나는 것이 효과적인가를 잘 판단한다.

⑮ 프로그램 전체의 클라이맥스도 잘 포착하여 어디에서 끝나는 것이 효과적인가를 잘 판단한다- 클라이맥스가 되면 마무리로 들어간다.

⑯ 참가자를 빠짐없이 본다- 시선을 벽, 천장 등 엉뚱한 곳에 두지 않는다.

⑰ 팀 나누기를 하기 전에 팀의 기울기(성별, 연령별 등)가 없도록 한다.

⑱ 팀 대항으로 경쟁심을 유발한다.

⑲ 프로그램의 끝맺음을 잘하여 그날의 즐거움과 의의를 가슴에 새기며 다음 과정에 들어가도록 지도한다.

⑳ 웃는 얼굴은 프로그램 진행에 있어서 최대의 무기이다.

㉑ 프로그램을 시작하면서 먼저 웃음을 유발한다.

㉒ 모든 사람의 참여를 유도할 때는 서로 옆 사람을 건드리게 한다.

㉓ 파트너 게임을 할 때는 서로 육체적으로 접촉(skinship)하게 한다.

㉔ 흥미 지속을 위해, 대상들이 다음의 내용을 예측할 수 없게 진행한다.

㉕ 생각보다 게임이 흥겨워지면 다른 게임을 뒤로 미루더라도 그 게임에 시간을 더 할애하고, 그렇지 않으면 즉시 게임을 전환한다.

3. 접근기법

1) 스피치법

인간 생활의 80%는 언어생활이다. 말에는 사상과 감정이 있는데 레크리에이션 스피치는 주로 후자 쪽이다.

(1) 일반적 스피치의 5대 원칙

① 말의 강약과 속도

② 말의 쉼(pause)

③ 감정이 깃든 말

④ 목소리의 변화

⑤ 침묵 – 침묵은 웅변만큼이나 말을 한다.

(2) 말과 태도

레크리에이션 프로그램을 진행하는 사람의 입장에 따라서는 지도자, 진행자, 사회자, MC(Master of Ceremony) 등의 다양한 말로 표현된다. 그러나 어떤 입장을 막론하고 다음 사항을 지킨다.

① 자신의 의견을 고집하지 말고, 말하는 입장에서 듣고, 듣는 입장에서 말한다.

② 모든 사람에게 골고루 기회를 제공한다.

③ 모두의 의견을 잘 이해하고 모임의 성격과 목적에 따라 진행한다.

④ 자연스러운 태도로 억양이나 음조에 변화를 준다.

⑤ 남의 이야기를 잘 듣고 의견을 존중한다.

⑥ 적절한 제스추어로 웃으면서 말한다(15초마다).

⑦ 웃으면서 이야기를 하고, 적절한 존칭어를 사용한다.

⑧ 전체 시간을 감안하고 시간에 맞춰 이야기한다.

⑨ 알아듣기 쉽고 명확한 바른 언어로 말한다.

⑩ 남에게 호감을 주는 언어와 태도를 취한다.

⑪ 다른 사람의 흉내보다는 독창성을 지닌 언어를 활용한다.

⑫ 품위가 없는 말은 삼간다– 말을 잘 한다는 것은 말이 많은 것과 다르다. 대체로 경험이 적을수록 말이 많다.

(3) 레크리에이션 스피치

① 처음 말과 마지막 말이 반(半) 영구적인 편견이 됨을 명심하고, 말을 끝
   낼 때는 유쾌하게 끝낸다.

② 상대방의 기분을 상하지 않게 한다.

③ 존댓말을 알맞게 활용한다- 지나친 존대 또는 반말은 안 된다.

④ 발음은 정확하고 분명하게 하고, 자연스럽게 해야 한다.

⑤ 분위기와 대상에 맞는 단어를 쓴다.

⑥ 희망적인 밝은 말을 하고 전신(body language)으로 표현한다.

⑦ 자기의 음색과 말버릇을 파악한다- 맑은 목소리로, 마이크 사용 연구

⑧ 가급적 표준말을 쓰되 위트(wit)에 더 비중을 둔다.

⑨ 행사에 어울리는 복장을 한다- 배색, 장소와 내용, 포인트 등.

⑩ 게임에 있어서, 처음부터 끝까지 "준비!" "시작!"이라는 말을 잊지 않도록
   한다.

⑪ 그림을 보는 듯한 입체 언어를 구사한다- 명확, 억양, 간격, 악센트, 호
   감이 가는 음성 그리고 화면화(畵面化).

(4) 스피치 준비사항

① 대상 파악- 청중에 대한 연구가 없이는 좋은 스피치가 될 수 없다.

② 모임의 때와 장소를 알아둔다.

③ 모임의 목적을 알아둔다.

④ 모임의 화제를 선정한다- 바람직하지 않은 화제는 피한다.

⑤ 자료를 수집한다- 화제를 풍부하게 준비한다.

⑥ 메모를 하여 장황한 이야기가 되지 않도록 한다.

⑦ 실제 연습을 해 본다- 거울을 보면서 해 보거나 모니터(monitor)의 도움
   을 받아 완벽하게 실제 연습을 한다.

2) 멘트 기법

(1) 멘트란 무엇인가?

① 어떤 일을 이해할 수 있도록 돕는 말이다.

② 짤막한 말로 프로그램의 지속적인 관심과 흥미를 유지시키는 말이다.

③ 사건을 전개해 나가기 위한 서막의 말이다(동기유발).

④ 분위기와 시기 또는 주제에 맞는 적합한 말이다.

⑤ 대상과 사회자가 혼연일치가 되도록 도와주는 말이다(분위기 조성).

⑥ 위트나 유머 또는 침묵도 멘트다.

⑦ 전체 운영을 살리는 프로그램의 꽃이고, 비행장의 관제탑이다.

(2) 멘트의 분류

① **앞 멘트** : 주로 시선 집중과 분위기 조성을 위해 사용되는 멘트

② **중간 멘트** : 다음 단계나 프로그램으로 부드럽게 넘어가기 위한 멘트

③ **뒷 멘트** : 한 단원의 정리나 전체 마무리를 위한 멘트

④ 촛불의식, 캠프파이어, 심성 개발의 피드백, 사회자의 진행 발언 등이 멘트에 포함된다.

(3) 멘트의 효과

① 음식의 맛을 살리는 조미료와 같은 것이다.

② 프로그램 사이사이를 부드럽게 연결시켜 주는 고리이다.

③ 청중을 압도할 수도, 지루하게 할 수도, 혼란하게 할 수도 있다.

(4) 멘트의 주의 사항

① 모임의 목적과 참석 대상 그리고 시간과 장소를 감안하여 각 연령층에 적합해야 한다.

② 전하고자 하는 의도와 취지를 바로 세워 청중이 공감하는 멘트의 방향을

세워야 한다.

③ 멘트는 주어진 여건과 상황에 따라 탄력성 있게 진행하되 가급적 짧은 것이 좋다.

(5) 상황 멘트

① 주관 없이 사는 사람들에 대하여…

"자신의 생각대로 살아야 한다. 그렇지 않으면 결국 자기가 사는 대로 생각하게 된다."

② 할 일을 차일피일 미루는 사람들에 대하여…

"내가 할 일을 하지 않으면, 내가 해야 할 일들이 나를 찾아다닐 것이다."

③ 사랑에 대하여…

"연애란 우주를 단 하나의 사람으로 줄이고, 그 사람을 신에 이르게까지 한다."

④ 행동이 따르지 않는 사람에 대하여…

"오랫동안 사색하고 있는 사람이 언제나 최선을 선택하는 것은 아니다."

⑤ 일확천금을 노리는 사람에 대하여…

"인간의 행복은 어쩌다 얻게 되는 큰 재산보다는 매일매일의 작은 이익에서 생긴다."

⑥ 팀워크와 단결을 위하여…

"개미 천 마리가 모이면 맷돌도 든다."

⑦ 인생에 대하여…

"젊은이는 희망에 살고 노인은 추억에 산다."

⑧ 독서와 정보수집에 게으른 사람에 대하여…

"지식에 투자하는 것이 가장 이윤이 높다."

⑨ 칭찬과 책망에 대하여…

"칭찬은 남들이 있는 앞에서, 책망은 남모르게 해야 한다."

⑩ 첫인상에 대하여…

"눈은 입만큼 말을 한다. 첫 대면의 3초는 첫인상이고 이 첫인상은 반영구적인 편견을 만든다."

⑪ 설득에 대하여…

"거리가 멀수록 설득의 효과가 있다. 이는 잘 관찰하려는 마음과 압박감을 적게 하고 스스로가 결정했다고 느끼기 때문이다."

⑫ 건강에 대하여…

"육체적 우위가 예상외로 심리적 우위를 만들어 낸다."

⑬ 적극적인 생활을 위하여…

"총알을 피할 생각하지 말고 총구멍을 막아라."

⑭ 자기 혁신에 대하여…

"뿌리를 바꿔야 열매가 바뀐다. 우리가 근본을 변화시키지 않고서는 그 결과를 바꿀 수 없다. 우리가 태도나 행동만 바꾸려고 한다면 이는 마치 나뭇잎만 잘라내는 격이다."

⑮ 어린이날에 붙여…

"일은 나중에 다시 할 수 있지만 아이들의 어린 시절은 다시 오지 않는다."

⑯ 참여의식의 고취…

"'참여하지 않으면 헌신이란 없다.' 이 말은 반드시 강조해야 하고 별표를 표시하고, 동그라미를 그리고, 나아가 밑줄까지 그어줘야 할 정도로 중요하다. 참여하지 않으면 절대로 헌신하지 않는다."

⑰ 봉사에 대하여…

"봉사는 내가 지구상에서 사는 특권에 대해 지불해야 하는 일종의 세금이다."

⑱ 최선의 삶을 위해…

"내 생애 최고로 행복한 날은 미래에 있다. 단 오늘에 최선을 다하고 있을 때…"

⑲ 이기심에 대하여…

"내가 세계의 중심일 수 없다. 모든 사람의 사랑을 독차지하려고 하지 마라."

⑳ 생활과 인생…

"최후의 만찬에 그려진 예수와 유다는 같은 인물이었다."

㉑ 성공에 대하여…

"호랑이는 20번 나선 사냥 중에서 19번을 실패한다고 한다. 그러나 호랑이는 1번의 성공을 위해 사냥 나서기를 쉬지 않는다. 실패가 쌓여야 성공이 이루어지며, 그렇게 이루어진 성공이 값지다."

㉒ 사고력에 대하여…

"근육과 같이 생각도 훈련을 해야 강해지고 힘이(명석, 민첩) 생긴다."

㉓ 신중함에 대하여…

"항상 남이 하는 일은 쉬워 보이는 법이다."(겸허히 배우는 자세가 필요하다.)

㉔ 마인드 컨트롤…

"백 리를 가는 사람은 구십 리를 절반으로 생각한다."

㉕ 분발을 촉구하며…

"남과 같이 생각하고 행동해서는 남 이상 될 수 없다."

㉖ 자신과의 싸움…

"진정한 성공이란 물질을 소유하는 데 있는 것이 아니고, 자신과의 싸움에서 이기는 데 있다."

㉗ 대인관계에 대하여…

"자기 자신을 개발해야 대인관계에서 성공할 수 있다."

㉘ 자기합리화에 대하여…

"'하나쯤 빠지면 어때.' 이런 생각은 하지 마라. 그렇게 되면 자신만 퇴보하는 것이 아니라, 다른 사람들에게도 큰 피해를 주게 된다."

㉙ 실패에 대하여…

"만루 홈런을 치는 타자일수록 병살타가 많다."

㉚ 일을 미루는 것에 대하여…

"'지금'이란 말은 성공을 여는 행운의 열쇠이고, '다음'이란 말은 실패와 동의어이다."

(6) 레크리에이션 멘트

① 행사를 시작할 때

큰소리로- "안녕하세요?" 하여 박수와 함성을 유도한다.

② 분위기를 잡을 때

박수로 유도. 박수를 치며 다같이 할 수 있는 노래를 합창!

③ 분위기가 산만할 때

"다같이 박수 세 번 시작!" "거기 계모임 있나요?" "난리도 아니네요." "거기 뭐 좋은 일 있습니까?"

④ 자신을 소개할 때

자기 이름을 간단히 소개한다. 자기소개를 거창하게 한다.

⑤ 호응을 하지 않을 때

건강에 대한 게임을 진행한다.

⑥ 진행자에게 안 좋은 말을 할 때

"설마 저에게 하신 것은 아니겠지요?"

"오늘날 저런 분들이 없었던들 우리가 무슨 재미로 살겠습니까? 저분을 위해 다같이 박수!" "근데 정말 무슨 재미로 살죠?"

⑦ 지명을 받고 노래를 안 할 때

박수를 쳐서 나오게 한다. "○○의 명가수 ○○○을 소개합니다. 오늘 저분이 2차로 한턱내실 모양입니다. 기대해 보도록 하죠?"

⑧ 노래하다 실수를 한 사람에게

"실수는 누구나 할 수 있다는 것을 잘 보여주셨습니다. 너무 실망하지 마세요. 살다 보면 이런 일 저런 일 있기 마련이니까요. 역시 안되는 사람은 안되는군요."

⑨ 새 옷을 입은 사람에게

"분위기에 무척 잘 어울리십니다. 오랜만에 **빼** 입으셨습니다. 평소에는 어떻게 하고 다니시는지 궁금해지는군요."

⑩ 노래할 사람을 소개할 때

"○○○의 명가수 ㅁㅁㅁ을 소개합니다. 지금 막 순회공연을 마치고 돌아온 가수 ○○○ 씨를 소개합니다."

⑪ 양 팀 점수 차가 많이 날 때

"지고 있는 팀을 위해 찬스 게임을 하겠습니다. 정신 차리십시오. 언제나 막판 뒤집기란 있는 것이니까요."

⑫ 상품을 밝히는 사람에게

"형편이 어려우신가 보죠? 실리적인 분이시군요. 물욕에 광란을 하시는군요. 물불을 못 가리고 계십니다."

⑬ 게임을 설명할 때 떠들면

박수로 유도. "여기가 남대문 시장으로 착각하시는 분들이 너무나 많습니다. 이보세요, 아! 시끄러워용! 네, 모두 소화하시리라 믿고 게임 시작할까요?"

⑭ '불만 있습니다!'라고 항의하는 사람에게

"네! 담배 여기 있습니다."

⑮ 박수 소리가 작을 때

양 팀을 나누어 대결시킨다. "이렇게 해서야 회사(학교…)의 명예를 걸 수 있겠어요? 단합이 얼마나 잘 되는지 여러분의 박수소리와 함성으로 측정하겠습니다."

⑯ 버스에서 게임 시 조는 사람에게

"저분은 어젯밤에 무리하셨나보죠. 옆에 계신 분들이 그 사람 속옷 좀 확인해 주시겠습니까? 얼마나 편한 속옷을 입었는지… 많이 피곤하신가 봅니다. 한잠 주무시고 나면 좀 나아지실 겁니다."

⑰ 디스코 타임에 참여를 독려할 때

"남을 의식하지 않는 그 의지 역시 한국인이십니다."

⑱ 게임에 대해 다시 설명을 요구할 때

"이보세요, 낮잠 주무셨어요? 그렇다면 옆짝에게 물어 보세요. 그 짝도 모르면 그런가 보다 하고 곁눈질로 따라하세요."

⑲ 참가자들끼리 말다툼을 할 때

"저기에 링 하나 만들어 주세요, 그리고 글러브도 갖다 주세요."

⑳ 동작을 할 때 꿈적하지 않는 사람에게

"누가 맷돌로 짓누르고 계신가 보죠. 네, 이해가 갑니다. 배둘레헴의 타격이 그렇게 클 줄이야. 다같이 고함 한번 질러 봅시다."

㉑ 실언을 했을 때

"앗! 나의 실수. 입에 교통정리가 안 되니 이런 체증이…"

㉒ 각 팀의 선수나 술래가 나오지 않을 때

"팀장 모시고 나오세요. 본인이 멋지다고 생각을 잘못하고 계시는 분은 아무 생각 없이 나와 주시기 바랍니다. 상품이 있습니다."

㉓ 대형을 바꾸고자 할 때

"지금부터 기분을 약간 바꿔보겠습니다. 율동 노래를 하며 대형을 바꿔 봅니다."

㉔ 도중 참가자들이 자리를 뜰 때

"화장실 가세요? 5초 이내로 다녀오세요. 급하신 용무가 계신가 보죠? 신중하게 해결하고 오시기 바랍니다.""핸드폰으로 호출왔나 보죠?"

㉕ 진행자가 노래 부탁을 받았을 때

"왜 이제야 시키세요, 얼마나 기다렸는데. 네, 감사합니다. ○○○의 명가수 2개의 앨범을 내고 여적 한 판도 팔지 못하고 있는 ○○○라고 합니다. 끝나고 팬 서비스 차원으로 사인회도 있겠습니다."

㉖ 지적받은 사람이 나오면서 많은 환호성을 받을 때

"사람들을 모두 풀어 놓으셨군요. 섭외비 얼마나 드셨나요? 이런 환호가 나오기란 정말 힘이 드는데 여하튼 대단하십니다. 아무래도 지갑이 두껍지 않을까 하는 게 저의 소견입니다."

㉗ 조용한 노래로 분위기를 썰렁하게 했을 경우

"네, 한을 품고 열창을 해주셨군요."

㉘ 춤을 잘 추는 사람에게

"완전히 한풀이군요. 도대체 원하는 게 뭡니까?"

"스트레스가 많이 쌓이셨나 보죠. 아주 본전을 뽑고 계시는군요."

㉙ 맘에 들지 않는 사람과 파트너가 되었을 때

"팔자소관입니다. 너무 그렇게 생각하지 마십시오. 상대방도 당신과 생각
이 같다는데."

㉚ 적극적인 사람에게

"건강한 비결을 잘 알고 계시는 분이시군요. 주택복권이 당첨되셨나 봐요."

(7) 멘트의 연구 자료

성공학 십계명

① 시장을 중심으로 기업을 이끈다.

② 전문화로 경쟁력을 갖춘다.

③ 젊은 층과 여성을 공략한다.

④ 시장의 변화와 소비자의 욕구를 민감하게 인지한다.

⑤ 다품종 소량생산 체제를 유지한다.

⑥ 남다른 전략을 실천한다.

⑦ 고객 만족 정신을 중시한다.

⑧ 외부 기관과 협력한다.

⑨ 의견 전달 체제를 단순하게 한다.

⑩ 신바람 나는 기업문화를 창달한다.

창업 10계명

① 기업가 정신을 가져라. 돈 있는 자보다는 뜻있는 자가 성공한다.

② 창업은 생각하는 일이 아니라 행동하는 일이다.

③ 창업과 모험은 동전의 앞뒤와 같다. 모험이 없는 창업은 불가능하다.

④ 창업의 천적은 복잡성이다. 단순하면 성공하고 복잡하면 실패한다.

⑤ 창업은 아는 일부터 시작해야 한다. 모르는 일에 손대는 것은 실패의 시
작이다.

⑥ 일확천금은 없다. 다만 용기와 땀의 대가가 있을 뿐이다.

⑦ 성공은 실패라는 병사를 많이 거느린 장수이다.

⑧ 인간을 중시하라. 인간을 무시하면 종업원도 없고 고객도 없다.

⑨ 새로운 일은 항상 새로운 문제를 낳는다. 새로운 일이라면 한 번 더 생각하라.

⑩ 승리하면 자중하라. 풍성한 가을 뒤에는 겨울이 기다린다.

순악질 계명

① 내가 하면 로맨스이고 남이 하면 스캔들.

② 내가 하면 창조적 권고이고 남이 하면 거짓말.

③ 내가 침묵하면 생각이 깊은 거고 남이 침묵하면 생각이 없는 것.

④ 내가 늦으면 사정 때문이고 남이 늦으면 정사 때문이고.

⑤ 내가 자리를 비우면 바쁜 만큼 유능한 거고 남이 자리를 비우면 어디서 또 노는 것이고.

운을 얻기 위한 십계명

① 밝고 좋은 말만 사용하라(할 수 있다, 훌륭하다, 나는 행운아다, 즐겁다, 행복하다 등)- 긍정적인 에너지를 축적하라.

② 가슴을 펴고 당당하게 걸어라.

③ 자신의 시간을 값지게 활용하라.

④ 유연성 있게 대처하라.

⑤ 온화한 표정을 만들어라.

⑥ 자신을 갈고 닦아라.

⑦ 낙관적인 태도를 보여라.

⑧ 사람에게 투자하라

⑨ 소망이 이루어지는 것을 상상하라.

⑩ 도전하고 또 도전하라.

돈이 따르게 하기 위한 십계명

① 감사하는 마음으로 생활하는 사람

② 수입 이하로 생활하는 사람

③ 부부의 금실이 좋은 사람

④ 돈과 물건을 소중히 하는 사람

⑤ 건강관리를 하는 사람

⑥ 자립정신이 강한 사람

⑦ 일을 취미 삼아 하는 사람

⑧ 한 가지 일을 관철하는 사람

⑨ 항상 절약하는 사람

⑩ 요행을 꿈꾸지 않는 사람

오늘만 십계명

① 오늘만은 행복해야 한다.

② 오늘만은 마음을 열고 모든 것을 받아들인다.

③ 오늘만은 건강을 생각한다.

④ 오늘만은 마음을 굳게 먹는다.

⑤ 오늘만은 내 영혼을 단련시킨다.

⑥ 오늘만은 유익하게 지낸다.

⑦ 오늘만은 하루 안에 모든 일을 다 해치운다.

⑧ 오늘만은 하루의 프로그램을 갖는다.

⑨ 오늘만은 조용히 휴식할 시간을 갖는다.

⑩ 오늘만은 두려워하지 않도록 하자.

10가지 충고

하나. "할 수 있습니다."라는 긍정적인 사람

둘. "제가 하겠습니다."라는 능동적인 사람

셋. "무엇이든지 도와 드리겠습니다."라는 적극적인 사람

넷. "기꺼이 해 드리겠습니다."라는 헌신적인 사람

다섯. "잘못된 것은 즉시 고치겠습니다."라는 겸허한 사람

여섯. "참 좋은 말씀입니다"라는 수용적인 사람

일곱. "이렇게 하면 어떨까요?"라는 협조적인 사람

여덟. "대단히 고맙습니다."라고 감사할 줄 아는 사람

아홉. "도울 일 없습니까?"라고 물을 수 있는 여유가 있는 사람

열. "이 순간 할 일이 무엇일까?"라고 일을 찾아서 할 줄 아는 사람

꿈이 없다면 목표도 없다

목표가 없으면 계획도 없다. 계획이 없으면 준비도 없다. 준비할 것이 없으면 지금 할 일도 없다. 단지 무료할 뿐이다. 그리고 뒤늦게 서두르게 될 것이다. 시간을 원망하면서…

왜 꿈이 없을까? 불행히도 그는 인생의 소중함을 가르쳐줄 은인을 갖지(만나지) 못한 것이다

어려운 말 빨리 하기

① 간장공장 공장장은 강 공장장이고, 된장공장 공장장은 공 공장장이다.

② 저기 있는 저분이 박 법학박사이시고, 여기 있는 이분이 백 법학박사이시다.

③ 저기 가는 저 상장사 새 상장사냐 헌 상장사냐?

④ 저기 있는 저 말뚝이 말 맬 말뚝이냐 말 못 맬 말뚝이냐?

⑤ 한양 양복점 옆 한영양복점 한영 양복점 옆 한양양복점

⑥ 사람이 사람이라고 사람인줄 아는가? 사람이 사람구실을 해야 사람이지.

⑦ 들에 콩깍지는 깐 콩깍지냐 안 깐 콩깍지냐? 깐 콩깍지면 어떻고 안 깐 콩깍지면 어떠하냐? 깐 콩깍지나 안 깐 콩깍지나 콩깍지는 콩깍지인데.

⑧ 백양 양화집 옆에 백양 양화점, 백양 양화점 옆에 백양 양화점.

⑨ 앞집 팥죽은 붉은 풋팥죽이고, 뒷집 팥죽은 붉은 풋팥죽이다.

⑩ 꿀꿀이네 멍멍이는 항상 꿀꿀꿀 하고, 멍멍이네 꿀꿀이는 항상 멍멍멍

합니다.

⑪ 내가 그린 뭉게구름 그림은 참 잘 그린 뭉게그림이고, 니가 그린 새털구름 그림은 참 잘못그린 새털구름 그림입니다.

⑫ 저기 저 깡통은 속 빈 깐 깡통일까요? 속 안빈 안 깐 깡통일까요?

⑬ 깔순이가 그린 기린 그림은 상 안탄 기린 그림이다.

⑭ 생각이란 생각할수록 생각나는 것이 생각이므로 이왕이면 좋은 생각에서 좋은 말하는 사람이 되는 것이 옳은 생각이다.

⑮ 저 영감집 감나무 감은 곶감만들 감나무 감이 아니고, 이 영감집 감나무 감은 곶감만들 감나무 감이다.

⑯ 훨훨훨 날아가는 나비가 활활활 타오르는 불길을 보고 훌훌훌 날개를 털어 불을 끄려해도 홀홀홀 타오르는 불길

⑰ 앞집 뒷집 윗집 아랫집 대문은 철대문이고 앞집 건너집 대문은 사립문 대문입니다.

⑱ 우리집 유리창 창살은 쌍창살 창살이고 이웃집 유리창 창살은 쇠창살 창살이고 건너집 유리창 창살은 나무살 창살입니다.

⑲ 새근새근 잠자는 아기, 씨근씨근 잠자는 심술쟁이, 쌕쌕 잠자는 나무꾼, 씰룩씰룩 잠자는 나무꾼

⑳ 호호 하하 호하하 호호하 호하호 하호호 하호하 하하호호

㉑ 히히 헤헤 히헤히 히히헤 히헤히 헤히헤 헤헤히 헤헤히히

㉒ 파릇파릇한 새싹 푸릇푸릇한 큰싹 포롯포롯한 새싹 파롯파롯한 큰싹

㉓ 앞집 할머니 아래집 할아버지 옆집 할머니 윗집 할아버지 건너집 할머니 아래집 할아버지 모두모두 모여주세요

㉔ 구름 구름 뜬구름 구름 구름 먹구름 구름 구름 천둥구름

㉕ 내가 그린 얼룩덜룩 표범그림은 참 잘 그린 알록달록 표범그림이고, 니가 그린 알록달록 표범그림은 참 잘못 그린 얼룩덜룩 표범그림이다.

㉖ 뭉실뭉실 두리뭉실 호박같은 내얼굴 몽실몽실 두리몽실 사과같은 니얼굴

㉗ 참깨 들깨 검은깨 깨죽은 아빠가 가장 좋아하시는 참깨 깨죽 들깨 깨죽 검은깨 깻죽입니다.

아내를 위한 남편/ 남편을 위한 아내

– 아내를 위한 남편

○ 아내가 좋아할 일을 하루에 한 가지씩 생각하라.

○ 아내의 실수는 단 둘이 있을 때 충고하라.

○ 아내의 등을 토닥거려주며 '수고했다'라고 귓속말을 해주어라.

○ 바깥에서의 일은 집에 가지고가지 마라. 집은 당신의 성역이다.

○ 아내가 기다린다. 늦을 것 같으면 사전에 연락하라.

○ 당신이 갖고 있는 것은 또한 아내의 것이다.

○ 사람만이 웃을 수 있다. 아내에게 웃는 얼굴을 보여라.

○ 아내를 잠시 잊어 보아라. 그리고 생각해 보아라.

○ 아내를 위하여 당신의 인생을 바쳤다고 해서 아무도 당신을 비웃지 않는다.

○ 날마다 마치 최후의 순간이 찾아온 것처럼 생각하라. 그리고 따스한 키스를 해 주어라.

– 남편을 위한 아내

□ 남편이 물건을 사다주면 고맙다는 인사를 하라.

□ 남편의 실수에 대한 충고는 아무 때나 하지 마라.

□ 남의 남편과 자기 남편을 비교하여 말하지 마라.

□ 남편이 밤늦게 들어오면 불을 켜고 기다려라.

□ 남편이 사준 것을 자랑스럽게 여기는 모습을 남편에게 보여라.

□ 남편이 남에게 자랑스럽게 보일만한 것을 사주어라.

□ 남편이 손님을 데리고 왔을 때는 위신을 세워 주어라.

□ 아내의 음성은 높고 거칠어서는 안 된다.

□ 친정식구들에게 남편의 험담을 하지 마라.

□ 좋은 일이든 나쁜 일이든 지나간 과거를 깊이 반성하고 밝은 내일을 설계하라.

감정지수를 높이는 가정교육

① 자녀들과 유머를 나눠라.

② 자녀들에게 책을 읽어 주어라.

③ 집안일을 거들게 하거나 심부름을 하게 하라.

④ 집에서 만든 음식을 먹여라.

⑤ 자주 껴안거나 볼을 맞추는 신체접촉으로 사랑을 표현하라.

⑥ 노는 것을 가르쳐 주어라.

⑦ 힘든 과제를 주는 데 인색하지 말라.

⑧ 성공했을 때보다는 실패했을 때 가까이하고 격려하라.

⑨ 자녀들과 자주 여행을 하고 다른 가족과 어울릴 기회를 제공하라.

⑩ 한 가지 깊은 소망을 가지게 하라.

제5장

게임의 기본 이론

1. 게임의 의의

행복하고 만족스러운 생활은, 각자가 여가를 현명하게 사용하는 능력과 환경 그리고 조건에 달려 있다. 게임이나 스포츠는 많은 사람들이 즐길 수 있는 활동이다. 특히 게임은 여러 가지 모임에서 장소에 구애됨이 없이 어디서나 즐길 수 있는 데 이것은 인간이 지닌 천성 중의 하나이기 때문이다. 게임에는 경쟁적 요소와 흥미가 포함되어 있기 때문에 남녀노소 누구나 즐길 수 있을 뿐만 아니라 화기애애한 분위기를 조성하는 데 효과적이다. 그리고 게임은 리더십, 친선, 교류(fellowship), 팀워크(teamwork), 협조, 이해 등 사회적 성격을 함양하는 데 도움을 주며, 바람직한 인간관계를 형성하게 해 준다.

2. 게임의 요소

① 언제든지 (간편성)
② 어디서나 (보편성)
③ 누구하고든지 (대중성)

④ 재미있고 (흥미성)

⑤ 거침없이 (건강성)

⑥ 다같이 즐기며 (협동성)

⑦ 규칙을 지키는 (준법성) 등의 요소로 집약된다.

위와 같은 요소들로 이루어지는 게임은 지루함을 잊게 하고, 심신의 건강을 유지시켜 주며, 기분을 전환하는 데 큰 도움을 준다. 결국 게임은 가장 훌륭한 전인 교육 방법의 하나이며 생활의 활력소라고 할 수 있다.

3. 게임의 분류

① **장소에 의한 분류** : 실내·외, 실내외 공용, 차내, 무대, 전천후

② **동작에 의한 분류** : 정적, 동적

③ **대상에 의한 분류** : 유아, 청소년, 청년, 성인, 노인, 일반, 장애인, 개인, 환자, 교정자, 커플, 팀, 단체, 집단

④ **용구에 의한 분류** : 풍선, 줄넘기 줄, 눈가리개, 주사위, 공, 일반 도구들

⑤ **대형에 의한 분류** : 강의형, 자유형, 횡대, 종대, 단원, 이중원, 대표, 릴레이, 특수 대형

⑥ **실질에 의한 분류** : 분위기 조성, 인사, 음악, 관람, 상대적, 요령, 학술적, 율동, 신체적, 경기적, 사회자

⑦ **목적에 의한 분류** : 지적 발달, 감각 발달, 공동 능력 발달, 미술 공작 발달, 음악 능력 발달, 신체 능력 발달, 도구 활용, 전통 민속놀이, 국제 이해, 특별 기능 개발, 율동 개발, 인사 소개, 분위기 조성

위의 것 외에도 게임은 인간 발달과 아주 밀접한 관계가 있기 때문에 이러한 원리들을 활용하면 많은 도움을 받을 수 있다.

4. 게임의 지도 방법

① 게임을 하기 전에 노래로 분위기를 조성한다.

② 게임의 설명은 간단명료하게 한다- 지나친 경어나 비어는 쓰지 않는다.

③ 게임에 대한 연구와 사전 준비를 해둔다- 아무리 간단한 게임이라도 치밀한 사전 준비를 하고, 작은 것이나마 상품을 준비하면 매우 효과적이다.

④ 게임에 있어서 방관자가 없도록 한다.

- 규칙은 쉽게 하고 항시 변화와 융통성을 유지한다.
- 벌칙 게임은 모욕감을 느끼지 않는 부담 없는 것으로 한다.
- 참가자 스스로가 소리를 낼 수 있는 게임부터 시작하면 좋다.

⑤ 대상과 장소에 따라 종목을 선택한다.

⑥ 게임의 종료를 적절하게 한다.

⑦ 게임을 리듬화한다- 다음 게임과 연결되도록 게임의 물결을 만든다.

⑧ 아무리 재미있는 게임이라도 반복하지 않는다.

⑨ 게임을 하는 데 있어서 경쟁 행위보다 협조적으로 이끌어 나가야 한다. 경쟁을 시키되 전체가 융화(돕는 경쟁)될 수 있어야 한다.

⑩ 게임을 하는 데 있어서 부정행위를 절대로 인정하지 않는다.

⑪ 예상되는 게임 수의 2배를 준비한다.

⑫ 게임의 설명이나 진행이 잘 되지 않으면 다른 게임으로 빨리 전환한다. 게임은 올바르고 교육적으로 지도할 때 게임의 가치가 있다.

5. 게임의 전환

지도하는 게임을 어느 때에 바꾸면 좋은 효과를 얻을 것인지는 많은 지도자들이 모색해야 할 점이다. 그 예로서

① 게임의 분위기가 고조되었을 때

② 게임이 잘 풀리지 않을 때

③ 집단의 목적에 부합시켜야 할 때

④ 시간에 구애를 받을 때

⑤ 게임의 일정한 규칙을 원치 않을 때

⑥ 대상의 수준이 게임 내용과 맞지 않을 때

⑦ 지도 내용이 원숙치 않을 때 재빨리 게임을 바꿔야 한다.

6. 게임의 실전 방법(유아, 초등)

유아들과 초등학교 어린이에게 레크리에이션을 지도할 때는 단순한 것으로 단순하게 해야 한다. 복잡하거나 어려우면 당연히 따라서 하기 힘들어지고 그러다 보면 그들의 관심이 사라진다. 목소리, 동작, 행동은 그들의 눈높이에 맞추어야 한다.

초등학생을 지도하는 데 있어서는 1시간 정도 레크리에이션을 진행한다면, 두 가지 방법이 있다. 하나는 거의 리더가 준비한 게임 위주로 하는 경우와 또 하나는 리더가 준비한 게임은 간단한 것 두세 가지에 그들의 장기자랑 위주로 진행할 수 있다.

제2부 레크리에이션의 실제

제6장

도입 박수 및 게임

1. 도입 박수

(1) 환영 인사

리더가 오른손을 들면 참가자들이 박수를 치게 하고 왼손을 들면 벌떡 일어서서 와! 하는 함성을 지르도록 한다. 이제는 실제로 리더가 오른손을 들고 2초 간격으로 왼손을 들면 장내에 박수와 함께 기립 함성이 터져 나오는데 이때 리더는 "안녕하세요, ○○○입니다. 이렇게 열렬히 환영하여 주셔서 감사합니다. 지금부터 1시간 반 동안 즐거운 레크리에이션을 진행하겠습니다."라고 인사를 하면 된다. "지금부터 여러분의 뜨거운 열기 속에 축제를 시작하겠습니다."라고 개회선언을 해도 좋다.

(2) 여러 가지 박수

진행자는 박수의 종류에 따라 적당한 멘트를 곁들여야 한다.

① 찌개박수

지글지글 XX   보글보글 XX   지글X 보글X   지글보글 XX

"오늘 아침 찌개 뭐 먹었죠? 선생님은 된장찌개를 먹었는데…"

"찌개가 어떻게 끓죠? 지글지글 보글보글 끓잖아요…"

② 애기박수

곤지곤지 XX   잼잼 XX   도리도리 XX

곤지 X 잼 X 도리 X   곤지 잼 도리 XX

"우리 친구들 동생 있어요. 엄마가 동생 키우느라 힘드시죠."

"엄마를 대신해서 동생하고 놀아야 되겠지요. 동생하고 어떻게 놀아야
할까요?"

③ 빈대떡박수

둥글둥글 XX   넓적넓적 XX

둥글 X 넙적X   둥글넙적 XX

"빈대떡이 그렇게 맛이 있대요."

④ 빨래박수

꽉꽉 XX   꾹꾹 XX

꽉 X 꽉X   꽉꾹 XX

"엄마, 빨래 많이 하시죠."

⑤ 춘향이 박수

1호-춘향아 춘향아 XX   몰라몰라 XX

　　춘향아 X 몰라X   춘향아 몰라 XX (1960년대)

2호-춘향아 춘향아 XX   허이허이 XX

　　춘향아 X 허이 X   춘향아 허이 XX (1980년대)

3호-춘향아 춘향아 XX   봐라봐라 XX

　　춘향아 X 봐라 X   춘향아 봐라 XX (2000년대)

4호-몽룡아 몽룡아 XX   내꺼야 XX

몽롱아 X 내꺼야 X   몽롱아 내꺼야 XX (2006년도)

▶**응용** : 1호/2호/3호/4호 연타박수로 변형시켜 볼 수도 있다.

⑥ 이수일과 심순애 박수

수일씨수일씨 XX   놔라놔라 XX

수일씨 X 놔라 X   수일씨 놔라 XX

⑦ 제비박수

사모님사모님 XX   돌리고돌리고 XX

사모님 X 돌리고 X   사모님 돌리고 XX

꼬시고꼬시고 XX   버리고버리고 XX

꼬시고 X 버리고 X   꼬시고 버리고 XX

⑧ 짱구박수

울퉁울퉁 XX   불퉁불퉁 XX

울퉁 X 불퉁 X   울퉁불퉁 XX

 * **도움말** : 신체에 관계된 박수는 아동에게 하지 말자.

(3) 손수건 박수

▶**준비물** : 손수건

▶**방 법**

 1. 리더는 손수건을 높이 던졌다가 받는다.
 2. 참가자 전원은 손수건이 공중에 머무는 동안 크게 박수를 친다.
 3. 손수건을 리더가 받는 즉시 박수를 멈춰야 한다.
 4. 리더가 손수건을 받았는데도 박수를 치는 사람은 벌칙을 받는다.
 5. 손수건이 땅에 떨어지면 기립박수를 친다.

▶**요 령**

리더는 의도적으로 실수를 유발시킨다. 즉 손수건을 던지지 않고 던지는 흉내만을 낸다. 박수를 치는 대신, 웃음을 웃거나 동물의 울음소리를 내게 해도 재미있다. 물론 손수건이 땅에 떨어지면 일어서서 더 큰소리를 내야 한다.

* 도움말 : 이 게임은 도입부에 활용하면 좋다.

(4) 박수 만들기(1)

▶**준비물** : 없음

▶**방 법** : 리더는 프로그램을 시작하면서 시선을 집중시켜야 한다.

1. 리더는 2박자, 3박자, 4박자, 6박자 등 박자 지휘를 연습시킨다.
2. 리더가 지휘하는 박자의 마지막 박자에는 박수를 치게 한다.
3. 2박자를 지휘하게 되면 박수가 자주 나온다.
4. 2박자를 더욱 빠르게 지휘하면 우뢰와 같은 박수가 만들어진다.
5. 리더는 이때 정중히 인사를 하면서 이러한 멘트는 어떨까요?

   "저를 열렬히 환영해 주셔서 대단히 감사합니다!"

* 도움말 : 이 게임은 프로그램을 시작하면서 분위기 조성을 위한 도입 게임으로 활용하면 효과적이다. 엉뚱한 웃음과 화기애애한 분위기가 만들어진다. 또한 같은 대상으로는 한 번만 사용하는 것이 원칙이다.

(5) 박수 만들기(2)

▶**준비물** : 없음

▶**방 법** : 리더는 대상에게 다음과 같은 주문을 한다.

1. 오른손을 올리면 힘차게 박수를 치고.
2. 왼손을 올리면 "와-" 하며 우렁찬 함성을 지르고.
3. 양손을 올리면 함성과 함께 박수를 친다.
4. 리더는 자기소개를 다음과 같이 하면 분위기가 좋아진다.

   오른손을 들며-"여러분과 함께 즐거운 시간을 담당할 ○○○입니다."
   〈짝짝짝짝!〉

   왼손을 들며-"대단치도 않은 사람을 이렇게 반겨 주시니 고맙습니다."

〈와-!〉

양손을 들며- "이제 그만하셔도 됩니다." 〈와-!, **짝짝짝짝!**〉

* 도움말 : 본 게임에 들어가기 전에 분위기 조성을 위한 도입 게임이다.

(6) 교차 박수

▶**준비물** : 없음

▶**방 법**

1. 모두 모여 둘러앉거나 강의형으로 앉는다.
2. 리더는 손바닥을 마주보게 쫙 펴고 양팔을 앞으로 뻗는다.
3. 리더는 양손을 아래위로 오르락내리락 서로 엇갈리게 흔든다.
4. 참가자들은 리더의 손바닥이 마주쳐 만날 때마다 힘차게 손뼉을 친다.
5. 몇 번을 반복한 후에 리더는 손이 마주치는 시늉을 한다.
6. 손이 마주치지 않고 마주치는 시늉에 손뼉을 치는 사람은 벌칙을!

▶**요 령** : 속도를 느리거나 빠르게 하여 변화를 준다. 양손을 흔드는 대신 발걸음을 디딜 때마다 손뼉을 치게 해도 재미있다.

(7) 교제 박수

▶**준비물** : 없음

▶**방 법**

1. 원형이나 강의형으로 앉되 옆 사람과의 간격을 최대한 좁혀 앉는다.
2. 왼손바닥을 하늘로 향하게 하여 왼쪽 무릎 위에 올려놓고 오른손으로 자기의 왼손바닥을 친다. 이것이 '하나!'다.
3. '둘!'은 오른손으로 오른쪽 사람의 왼손바닥을 친다.
4. 하나! 둘! 하나! 둘! 박수를 치면서 노래를 부르면 즐겁고 옆사람과 친숙해지면서 훈훈한 분위기가 조성된다.

▶**요 령** : 노래는 2/4박자나 4/4박자의 노래를 선곡한다. 노래 시작 신호는 "하나! 둘! 시~작!"으로 붙인다.

* 도움말 : 변화를 주기 위한 방법으로 움직이는 손을 바꾸어 손바닥을 친다. 하나! 둘! 하

나! 둘! 하면서 박수를 치다가 리더의 "손 바꿔서!"라는 신호에 2와 3의 손위치를 바꿔서 손뼉을 친다. 프로그램 도입부에서 쓸만하다.

(8) 번데기 박수

▶**준비물** : 없음

▶**방 법**

1. '교제 박수'를 치면서 하나에는 "뻔!" 둘에는 "데기!"라고 외친다.

2. 〈뻔! 데기! 뻔! 데기!〉를 기본 박수로 친 다음 '뻔!'과 '데기!'를 계단식으로 올리면 더해 친다. 즉 〈뻔! 데기! 뻔! 데기!〉, 뻔! 뻔! 데기! 데기!, 〈뻔! 데기! 뻔! 데기!〉, 뻔! 뻔! 뻔! 데기! 데기! 데기!, 〈뻔! 데기! 뻔! 데기〉, 뻔! 뻔! 뻔! 뻔! 데기! 데기! 데기! 데기!…

3. 무조건 "뻔!"에는 자기 손을 치고 "데기!"에는 옆 사람의 손을 친다.

▶**요 령** : 박수를 치는 속도를 갈수록 빠르게 한다.

* **도움말** : 10번 정도 '뻔!'과 '데기!'가 겹치면 여기저기서 틀리게 되고 부담 없는 웃음이 사방에서 터져 나온다. 박수를 치는 숫자를 10번에서부터 시작하여 거꾸로 내려와도 재미있다.

번데기박수

(9) 내꺼 자기꺼

▶**준비물** : 없음

▶**방 법**

 1. '번데기 박수' 방법으로 진행한다.
 2. 하나에 '내꺼!' 둘에 '자기꺼!'로 하여 진행하고 난 후 뒤에 있는 '꺼'를
    떼어 내고 〈내! 자기! 내! 자기!〉, 내! 내! 자기! 자기! 〈내! 자기! 내!
    자기!〉, 내! 내! 내! 자기! 자기! 자기!…
    '내 자기'가 되어 연인(?) 기분을 준다.

* **도움말** : 파트너 게임을 시작하기 전에 사용하면 분위기가 좋아진다.

2. 도입 게임

(1) 하늘, 땅위, 땅속, 물속 게임

 신체 부위를 활용하여 머리(하늘), 어깨(땅위), 무릎(땅속), 발 구르기(물속)
를 한다. 사회자가 동물이름을 말하면 대상자가 이에 맞게 신체표현을 하는

하늘, 땅위 , 땅속, 물속 게임

게임이다. 예를 들어 물고기를 말하면 발 구르기를 하고, 개구리라고 하면 온몸으로 표현하며, 냉장고의 동태를 말하면 예상 밖의 표현으로 웃음을 자아내게 된다.

(2) 잼잼잼 숫자 맞추기

▶**준비물** : 없음

▶**방 법**

1. 두 손을 앞으로 내밀고 앞에 있는 선생님을 애기라고 생각하고 '잼잼잼…'으로 표현하게 한다.

2. 잼잼잼… 하다가 진행자가 숫자를 대면 두 손가락을 이용해서 그 숫자를 맞추면 된다.

* **도움말** : 진행하다 보면 잼잼잼… 넷! 하면 한 손으로 엉뚱하게 표현하는 사람이 많다. 엄지손가락을 이용하는 사람은 머리가 좋고, 새끼손가락을 이용하는 사람은 예술성이 뛰어나고, 엄지와 새끼를 동시에 내밀면 임기응변이 아주 뛰어난 사람이고, 가운뎃손가락을 내밀면 무식, 과격하다고 멘트를 한다(다양한 방법으로 대상의 심리를 파악할 수 있는 시간으로 웃음을 자아낸다).

잼잼잼 숫자 맞추기

코바꾸기 게임

(3) 코바꾸기

▶**준비물** : 없음

▶**방 법**

1. 오른손으로 코를 잡는다.

2. 왼손은 엇갈려서 귀를 잡는다. 진행자가 "바꿔" 하면 코 잡았던 손과 귀 잡았던 손을 서로 엇갈려 잡으면 된다.

3. 손은 가만히 있고 고개만 돌려 바꾸는 방법도 있다.

＊ **도움말** : 진행자는 먼저 시범을 보인다. '바꿔' '바꿔' '바꿔' 틀린 흉내를 표현하여 웃음을 자아내고 잘 안되는 대상을 위해 '아싸' 소리를 내면 잘 바꿔진다고 한다. '바꿔' (아싸!) '바꿔' (아싸!) '바꿔' (아싸!) 코와 손을 잡고 있는 흉내를 낸다.

(4) 칙 폭

▶**준비물** : 없음

▶**방 법**

1. 오른손을 주먹 쥐고 올리면서 칙!, 내리면서 폭! 한다.

2. 반복해서 칙! 폭! 하여 분위기를 조성하고 진행자와 반대 방향으로 표

현하게도 한다.

3. 전체를 두 팀으로 나누어서 진행하도록 한다.

* 도움말

1. 한 팀은 어렵게 하고, 한 팀은 쉽게 한다.

2. 팀을 남학생, 여학생으로 나누었을 땐 여학생을 어렵게 남학생을 쉽게 한다.

3. 어렵게 하는 팀은 활발하고, 적극적인 팀으로 선정해야 한다.

(5) 손가락 접기

▶**준비물** : 없음

▶**방 법**

1. 양손을 쫙 편 다음 좌우 엄지를 같이 접으면서 1~10을 센다.

2. 다시 펴서 10까지 수를 세는데 오른손 엄지를 접어놓고 센다. 즉 '하나' 에 왼손은 엄지만 접히고 오른손은 검지까지 접힌다.

3. 10까지 세면 왼손은 펴져 있고 오른손은 엄지가 접혀져 있어야 한다.

4. 2단계로 넘어간다. 오른손을 검지까지 접어놓고 시작한다.

5. 5단계까지 가면 왼손은 편 상태이고 오른손은 주먹을 쥔 상태이다.

▶**요 령** : 처음에는 천천히 하고 갈수록 **빠르게** 진행한다.

* 도움말 : 도입부나 분위기 조성 게임으로 좋다. 리더는 동작이 서투르면 안 된다. 충분히 연습을 한 후 사용한다.

(6) 혼자 하는 가위 바위 보

3박자 노래에 맞춰 오른손과 왼손이 박자에 맞춰 가위 바위 보를 한다. 단, 왼손이 오른손을 계속 이겨야 한다. 따라서 왼손은 가위 바위 보, 오른손은 바위 보 가위를 반복한다.

(7) 시계게임

▶**준비물** : 없음

▶**방 법**

1. 진행자가 시계게임의 종류를 설명하며 시작한다.

   손에 차는 시계는? (손목시계), 벽에 다는 건? (벽시계), 책상 위의? (탁상시계) 세종대왕의? (해시계), 자명종이 울리는? (알람시계)… 큰 추가 달린 건? 괘종시계죠.

2. 진행자는 참여자와 함께 시계소리를 내면서 두 팔을 움직이며 진행자가 말하는 숫자(시간)만큼 박수를 치게 하는 게임이다.

* 도움말

1. 시계게임은 박자를 맞추면서 천천히 진행하는 것이 중요하다.

2. 처음엔 쉬운 것부터… 1시 '짝', 3시 '짝짝짝', 10시 '짝~~~~~짝'

   1시 반 '?' (시간 반엔 한 번 울립니다.), 13시 '짝~~~~~짝짝' (13시는 1시니까 한 번!)

3. 진행자도 박자를 맞추면서 시간을 말하고, 참여자들도 박자에 맞게 박수친다.

(8) 명지휘자

오른손으로는 상하($\updownarrow$)로 2/4박자 지휘하고, 왼손은 △을 그리면서 3/4박자를 연습한 후 양손을 움직인다.

"저 분은 완전히 허공만 휘젓고 계시네요."

"저 분은 한 손을 깁스했네요."

(9) 비비면서 두드리기

오른손 바닥으로 배를 비비게 하고 왼손 주먹으로 배를 두드리도록 한다. '바꿔' 하면 왼손과 오른손의 동작을 바꾸어 취한다.

"저 여자 분은 얼마나 가슴을 두드렸는지 완전히 글래머가 되었네요."

(10) 고추 먹고 맴맴

오른손으로 머리를 두드리고 왼손으로 배를 두드린다. '고추 먹고 맴맴' 노래를 부르면서 '고'자에서 양손을 바꾼다. 이때 지도자는 '고'자에 상관없이 이리저리 바꾸면 정신을 안 차린 대상은 지도자를 따라하게 되어 틀리게 된다. 벌칙대상을 삼고자 하는 사람의 앞에서 이렇게 하면 아주 쉽게 벌칙대상을 구할 수 있다.

"후후후, 저분은 계속해서 골 때리고 계시네요."

(11) 열 장군(=제식훈련)

양손을 앞으로 내민다(장풍). 손을 앞으로 내민 상태에서

손가락을 벌리면 '열중 쉬어', 손가락을 모으면 '차렷'이 된다.

• 전체 '차렷', '열중 쉬어', '자동'– 손가락을 벌렸다 모으기를 한다.

• '앞으로 가'– 양손을 차례로 앞으로 내민다.

• '제자리에 서'– 양손을 멈춘다.

• '뒤로 돌아'– 양손 바닥을 얼굴로 향한다.

• '앞으로 가'– 얼굴 쪽으로 다가와서 부딪친다.

• '바로'– 제자리에 멈춘다.

• '뒤로 돌아'– 손바닥을 밖으로 향한다.

• '우향우'– 손바닥으로 우축으로 향한다.

• '뛰어가'– 오른쪽 사람의 등을 두드린다.

• '기어가'– 옆 사람의 등을 사정없이 긁는다.

• '좌향좌'– 다시 손바닥을 밖으로 향한다.

• '엎드려뻗쳐'– 손목을 굽혀서 손바닥이 밑으로 향하게 한다.

• '일어서'– 다시 손목을 굽힌다.

• 풋샵 준비'– 팔굽혀펴기 동작을 허공에서 한다.

• '풋'– 두 손을 앞으로 내밀며

• '샵'– 두 손을 앞으로 당기며

(12) 신비로운 손가락

▶준비물 : 없음

▶방 법

 1. 먼저 게임을 하기 전에 A라는 사람을 다른 참가자들 몰래 불러 다음과

같은 약속을 한다.

2. 리더의 왼손바닥을 펴서 엄지손가락은 1번, 검지손가락은 2번, 가운데 손가락은 3번, 약 손가락은 4번, 새끼손가락은 5번째로 지적할 때 '맞습니다'라는 대답을 하라고 사전에 약속을 한다.

3. 이 게임이 시작되면 다른 사람들은 눈치채지 못하게(무작위로 1사람을 선정한 것처럼) 하여 무대 위에 올라와 뒤로 돌아서게 한다. 리더는 왼손바닥을 높이 들어 편 다음 이 다섯손가락 중의 하나를 참가자들에게 손짓으로 지정하라고 한다. 지정이 끝났으면 A라는 사람을 돌아서게 하여 리더 먼저 신비한 힘을 가진 도사처럼 A라는 사람의 얼굴을 응시하며 주술과 함께 신비한 힘을 집어넣는다.

▶요 령

• 주술 : 알타리 알타리 무우다리 무우다리 배추배추 곱슬머리 학교종이 땡땡땡 이-얍(진지하게 리더의 두 손바닥을 A라는 사람의 얼굴에 펴면서)

• "자! 이 사람에게 신비한 힘이 들어갔습니다. 이제 여러분이 지정한 그 손가락을 이 사람이 맞춰 보겠습니다."라고 한다.

• 예를 들어 참가자들이 검지손가락을 지정하였다고 했을 때 이때 리더는 정확하게 두 번째로 지적하는 동작에 그 손가락을 지적하여 주어야 한다. 즉 리더가 새끼손가락에 대고 "이겁니까?"하면 참가자들은 "아닙니다." 다시 검지손가락을 지정하면서 "그러면 이겁니까?"라고 말하면 "네, 맞습니다."라고 하면 된다.

• 주의할 점은 만약 엄지손가락을 첫 번째에 지적하게 되면 A라는 사람은 엄지손가락인줄 알고 "맞습니다."라고 하면 게임이 틀리게 되므로, 리더는 첫 번째는 검지손가락과 엄지손가락의 지적을 피하고 다른 손가락을 지적해야 한다.

• 리더는 참가자들에게 리더의 아무 손가락이라도 좋으니 자주 바꾸어 지적하라고 한다. 그래도 A라는 사람은 어떤 손가락이든 다 알아낼 수 있다.

• 이 게임은 분위기 조성게임으로 가장 인기 있는 게임으로 무척 재미있

어 그 비법을 가르쳐 달라고 참가자들이 조르기도 한다.

(13) 손가락의 비밀

▶**준비물** : 없음

▶**방 법**

1. 리더는 양손을 높이 들어 열 손가락을 펴면서 참가자들도 따라서 펴도록 한다. 그리고 리더의 말과 동작을 따라서 각자의 손가락을 말과 함께 세 도록 한다. 먼저 오른손 엄지와 왼손 엄지를 동시에 접으며 '하나, 둘, 셋, 넷' 이렇게 오른손 엄지와 왼손 엄지를 다시 펴면서 '열'을 한다. 이 동작은 쉬운 동작으로 워밍업에 불과하다.

2. 이번에는 왼손 엄지를 접어놓고(없다고 치고) 세워본다. 즉 오른손 엄지와 왼손 검지를 동시에 접으며 '하나, 둘, 셋' 끝으로 오른손 엄지를 펴고 왼손 중지를 접으며 '열'을 한다. —이러한 활동이 쉬울 것 같지만 어렵다. 리더는 잘하는 몇 사람을 앞으로 나오게 하여 시켜 보는 것도 재미있다.

3. 위와 같은 게임이 익숙해지면 손가락으로 다른 분위기를 연출하여 본다. 리더는 참가자들에게 양손을 집처럼 세우라고 하면서 양손의 가운데손가락을 직각으로 접으라고 한다. 이때 리더는 잘 접었는지 확인한다.

4. 이제는 리더의 말과 손동작을 따라서 해 보도록 한다. 그런데 이상하게 도 '약지 손가락'만 떼었다 붙였다 할 수가 없다

▶**요 령**

1. 아빠 없이 살 수 있어도(엄지끼리 4~5회 붙였다 떼었다 한다)

2. 엄마 없이 살 수 있어도(검지끼리 4~5회 붙였다 떼었다 한다)

3. 집 없이도 살 수 있어도(새끼손가락끼리 4~5회)

4. 그러나 사회자(애인) 없이는 못살아(약지끼리)라고 하며 한다. 그런데 희한하게도 약지끼리는 움직이질 않는다.

(14) 통일 전국일주

▶준비물 : 없음

▶방 법

1. 박수 한번 치고 무릎을 치면서 (우리 전통의 소리) '허이!'라고 외친다
   – 이곳을 제주도에 있는 한라산이라고 칭한다./ 박수 2번을 치고 왼쪽
   어깨를 오른손으로 가볍게 터치하면서 '허이!'라고 외친다– 이곳을 금
   강산이라 칭한다./ 박수 3번을 치고 머리를 가볍게 터치하면서 '허이!'
   라고 외친다– 이곳을 백두산이라 칭한다. 다시금 연습을 한 번 정도
   한 다음 "조국이 통일이 되었다고 생각하면서 여행을 떠나겠습니다."고
   말하면서 한라산을 출발 금강산을 거쳐 백두산까지 연속으로 시범을
   보인다. (박수 1번 무릎 치면서 허이/ 박수 2번 어깨 치면서 허이/ 박수
   3번 치고 머리를 터치하면서 허이/) – 다같이 해 본다.

2. 이번엔 거꾸로 백두산을 출발 한라산까지 내려온다. –다같이 해 본다.

3. 한라산을 출발 백두산까지 갔다가 한라산으로 내려온다.(X 허이– XX
   허이– XXX 허이– XXX 허이– XX 허이– X 허이) 시범을 보이고 다같
   이 해 본다.

4. 백두산을 출발 한라산까지 내려왔다가 다시 백두산까지 올라간다. 시
   범을 보이고 다같이 해본다.

▶요 령 : 다같이 할 때는 리더가 준비! 시작! 이라는 구령을 붙여준다. 준
비라는 구령이 떨어지면'야!'소리와 함께 양손을 편다. 허이! 소리는 크게
하도록 유도하고 4단계까지 했으면 4단계만 총연습을 한 다음 팀별로 시
켜본다(4단계만) 재미있게 하려면 팀장을 앞에 세워 구령을 붙이게 한다.
물론 팀장도 구령 후에 같이 한다.

(15) 마음을 비우자

기존의 단순한 곤지잼돌이 박수 게임을 재미있게 재구성한 것이다.

▶준비물 : 없음

▶**방 법**

1. 처음 단계는 기존 것과 같다. 유치원 수준이라고 멘트 하고(곤지곤지 X X - 잼 잼 X X - 돌이 돌이 X X) 시범 후 연습을 시킨다.

2. 중고등학교 수준이라고 멘트하고 곤지잼돌이, 박수를 1번씩만 한다(곤지 X - 잼 X - 돌이 X). 시범 후 연습을 시킨다.

3. 대학교 수준이라고 멘트하고 모아서 박수 1번 한다(곤지잼돌이 X). 시범 후 연습을 시킨다.

4. 대학원 수준이라고 멘트하고 유치원 수준, 중·고등학교 수준, 대학교 수준을 모두 메들리로 엮어서 한다. (곤지곤지 X X - 잼 잼 X X - 돌이 돌이 X X - 곤지 X - 잼 X - 돌이 X - 곤지잼돌이 X) 시범 후 연습을 시킨 다음에 팀별로 4단계만 테스트를 한다.

▶**요 령** : 이 게임 역시 조장(팀장)의 리더로 하면 재미있고, 구령은 준비, 시작이다. 준비라는 구령이 떨어지면 '야!'소리와 함께 양손을 편다. 단계 별로 적절한 멘트를 삽입하고 4단계의 테스트가 끝나면 보이는 여러 모습을 멘트로 엮어내면 플러스 알파다.

(16) 엄지와 검지

두손 손가락이 하늘을 보게 주먹 쥔 상태에서 왼손은 엄지를 펴고, 오른손은 새끼손가락을 편다. 진행자가 "하나 두울 셋" 하면 반대로 왼손은 새끼손가락을 펴고, 오른손은 엄지를 편다. 진행자가 구호를 점점 빠르게 진행해 나간다.

(17) 손바꾸기

왼손은 주먹을 쥐어 가슴 위에, 오른손은 펴서 하늘을 향해 뻗는다.

진행자가 "하나 두울 셋" 하면 반대로 왼손은 펴서 하늘을 향해, 오른손은 주먹 쥐고 가슴 위에 놓는다(가슴 위에 오는 손은 항상 주먹! 하늘을 향하는 손은 항상 편다).

진행자가 점점 빠르게 진행해 익숙해지면 반대로 해본다.

손바꾸기 게임

가슴 위에 오는 손은 펴고, 하늘을 향하는 손은 주먹을 쥐게 한다.
위의 손동작에 익숙한 참여자들은 반대로 할 때 더 많이 걸린다.

(18) 칠성사이다

"처음 만난 그때는 칠성사이다"
(자기 손뼉, 자기 왼손과 상대방 오른손, 자기 오른손과 상대방 왼손, 자기
손 2번 짝짝, 깍지 껴서 상대방과 2번 짝짝),
"사랑해요 지금도 칠성사이다"
(위의 손동작 반복)
"1 2 3 4 5 6 7   슈바   칠성사이다"
(구리구리구리)   (가위바위보)   (손동작 반복)

(19) 난다난다

진행자와 게임에 참여하는 자 모두 두 팔로 날개를 만들어 '난다난다'를 외
치며 날갯짓을 합니다.
진행자가 "난다난다… 비행기가 난다." 하며 팔을 위로 뻗으면 동시에 참여

자들도 "난다!"를 외치며 팔을 위로 뻗는다.

반대로 진행자가 "난다난다……. 병아리가 난다." 하며 팔을 위로 뻗으면(혼동되도록) 그대로 따라한 참여자들은 모두 틀리게 된다.

("안 난다!" 하며 팔을 내리는 것이 맞는 것)

(20) 가라사대

진행자가 지시하는 말 앞에 '가라사대'를 붙일 경우에만 참여자들이 그 지시에 따르는 게임.

예)

진행자 : "가라사대 오른손 드세요."

진행자 : "자, 왼손도 마저 드세요" → 참여자 : 들면 틀린 거겠죠?

진행자 : "가라사대 반짝반짝 별이 됩니다."

진행자 : "팔 아프시죠? 이제 그만 내리세요." → 내리면 틀린 거!

진행자 : "가라사대 오른쪽으로 돌아서 옆사람 안마해 주세요"

진행자 : "왼쪽사람도요" → 왼쪽으로 돌면 틀린 거!

▶요 령 : 생각할 시간을 주지 않고, 빨리빨리 넘어가는 게 중요하다.

따라서 진행자의 노련미가 중요하고, 사람을 뽑아내야 할 때 유용하다.

(21) 모두 합죽이가 됩시다, 합!

▶준비물 : 없음

▶방 법

1. 모두 모여 둥글게 앉는다.

2. 다같이 손을 잡고 아래위로 흔들면서 다음과 같이 큰소리로 외친다.

    "웃음거리 합시다! 웃어도 안 되고! 움직여도 안 되고! 입 벌려도 안 되고! 모두 합죽이가 됩시다, 합!"

3. 이렇게 소리를 치고 나면 전원이 움직이지 못한다.

4. 리더는 웃거나 움직이는 사람을 찾아내어 벌칙을 주거나 실격시킨다.

▶요 령 : 리더는 참가자들을 웃기기 위해 여러 가지 모션(쇼)을 쓴다.

제7장

파트너 게임

1. 파트너 게임의 진행요령

파트너 게임은 짝을 정한 뒤 짝과 친해지는 시간을 잠깐 갖는 것이다.

먼저 인사, 이름 묻기, 악수 등으로 통성명을 하면서 스킨십을 자연스럽게 유도한다.

1. 첫 게임을 한 후엔 연습게임이라고 말해 고조됐던 분위기를 웃음으로 일단락!

2. 벌칙으로는,

   ① 꿀밤

   ② 이긴 사람이 진 사람의 귀를 잡고 '나비야'의 노래에 맞춰 진 사람은 팔을 날개짓한다.

   ③ 이긴 사람이 손가락으로 고리를 만들어 진 사람의 코를 잼이 나오게 비튼다.

   ④ 진행자가 말한 주제에 대한 3가지 종류를 댈 때까지 간지럼을 태우고 중간에 진 사람에게도 기회를 준다.

3. 마지막에는 한 번도 못이긴 사람이 있나 묻고 만약 있다면 그 사람이 이길 때까지 하라고 한두 번 더 한다.

파트너 게임에서는 가위 바위 보로 승부를 결정짓는다.

4. 맨 마지막은 벌칙 없이 끝내 긴장분위기를 가벼운 웃음으로 마무리한다.

2. 파트너 게임의 유형

파트너 게임은 두 사람이 한 조가 되어 가위 바위 보로 승부를 가리고 벌칙을 준다.

(1) 벙어리 짝짓기

▶**준비물** : '안녕하세요. 눈인사. (왼손으로) 반갑습니다. (껴안으면서) 사랑해요.' 등의 제스처를 적은 종이쪽지(사람 수와 같아야 함)

▶**방 법**

1. 구성원은 미리 적은 쪽지를 뽑는다.

2. 구성원들은 종이에 적힌 대로 제스처를 한다(동물이나 이상한 행동).

3. 절대로 말을 해서는 안 된다.

4. 자기와 같은 행동을 하는 사람을 찾는다.

5. 만약, 짝을 찾으면 손을 잡고 동작을 멈춘다(찾는 시간은 1분 정도).

6. 그때까지 못 찾으면 걸리게 되고, 찾은 사람들은 파트너가 되어 다음 게임으로 넘어간다.

7. 못 찾은 사람들은 벌칙을 부여한 후 짝을 지어준다.

(2) 하나 빼기 가위 바위 보

▶**준비물** : 없음

▶**방 법**

1. 두 사람씩 마주보고 앉는다.

2. "가위 바위 보!"라는 구령에 두 손을 같이 내미는데 왼손과 오른손의 모양을 서로 다르게 내민다.

3. 내민 후 "하나 둘 셋!"이라는 구령에 한 손은 허리 뒤로 감춘다.

4. 앞에 나와 있는 손의 모양(가위 바위 보)으로 승패를 가른다.

▶**요 령** : 커플 게임으로 진행할 경우 진 사람에게 벌칙을 주고 전체 게임으로 할 경우, 토너먼트로 진행하여 챔피언을 뽑는다.

* **도움말** : 두 사람 이상 해도 된다. 또 여러 사람이 할 경우는 2인 1조가 되어 한 사람은 오른손만 쓰고 다른 한 사람은 왼손만 쓰면 된다.

(3) 신데렐라

신데렐라는 어려서 부모님을 잃고요 계모와 언니들에게 미움을 받았더래요

샤바샤바 아이샤바 얼마나 슬펐을까 샤바샤바 아이샤바 왼손잡고 가위 바위 보

(4) 도깨비 잡으러

'고기를 잡으러' 동요를 개사한 것이다.

도깨비 잡으러 산으로 갈까나 도깨비 잡아서 어떻게 할까요

밟을까 비빌까 헤딩으로 할까 라라라라 라라라라 가위 바위 보

(5) 훌랄라

훌랄라 랄라 훌랄라 랄라 훌랄라 랄라 가위 바위 보

(6) 야광도깨비

"이상하고 아름다운 도깨비나라 방망이로 두들이면 무엇이 될까?
금 나와라 와라 뚝~~딱   은 나와라 와라 뚝~~딱"

이 4박자 노래에 맞춰서……

1박자 : 자기 손뼉   2박자 : 상대방 손뼉   3박자 : 가위 바위 보
4박자 : 이긴 사람이 진 사람의 이마를 손바닥으로 친다.
        만약 비겼을 경우는 두 손을 '잼잼' 하면서 "깨비깨비"를 외친다.

(7) 꼬마생쥐

처음 시작할 때 먼저 가위 바위 보를 한다.
아삭 아삭 북북 꼬마 생쥐 살그머니 집안으로 찬 장속을 봤구나~~~
맛이 있는 비스켓 냠냠냠

노래에 맞춰 이긴 사람이 진 사람의 팔을 잡고 손목부터 검지와 중지로 어깨까지 올라간다. 노래가 끝났을 때 진행자가 예를 들어 "자장면집 메뉴 세 가지" 하면 이긴 사람은 진 사람이 그 세 가지를 댈 때까지 간지럼을 태운다.

(8) 나 예뻐

두 사람이 마주보고 앉아서 손바닥을 펴고 양손을 올려 서로 마주 댄다. 양손을 붙인 상태 그러니까 손을 벌리고 있는 게 아니라 모으고 있다가 리더의 지시에 따라 행동을 취하게 한다.
  ▶준비물: 없음

▶**방 법**

1. 두 손을 서로 마주대고 손을 모아 서로의 얼굴이 보이지 않도록 눈(얼굴) 높이까지 올린다. '하나 둘 셋'이란 구령을 하면 양손을 벌리면서 "씩- 웃어주기"- 준비! 하나 둘 셋.

2. 이번에는 하나 둘 셋 구령을 하면 양손을 벌리면서, 코에 힘을 주어 "나 예뻐?"라고 물어 보기

3. 같은 방법으로 이번에는 칭찬 한 마디 해주기

4. 그런 다음 짝과 마음이 얼마나 잘 통하는지 알아본다. 남녀가 파트너인 사람은 서로의 궁합이 될 수도 있다. 양손을 얼굴 높이로 올리고 손을 모아서 마찬가지로 '하나 둘 셋'이란 구령이 나오면 마주 댄 손을 그대로 있고 얼굴만 오른쪽이든 왼쪽이든 "짠~" 하고 젖힌다. 이때 얼굴이 서로 마주친 사람은 마음이 잘 맞는 사람이요, 서로 엇갈린 사람은 마음이 안 맞는 사람. 세 번을 하여 만약 세 번 모두 얼굴이 마주쳤다면 천하에 둘 도 없이 마음이 잘 맞는 천생연분이다. "준비~ 하나 둘 셋!", "준비~ 하 나 둘 셋!", "준비~ 하나 둘 셋!"

* **도움말** : 대상들이 동작을 이해할 수 있도록 리더가 직접 시범을 보이면서 설명을 해야 한다. 그리고 '하나 둘 셋'이라는 구령을 붙일 때는 아주 능청스런 목소리로 하면 더욱 재미있어 한다. 모든 게임이 그러하듯 재미있는 모습이나 상황을 파악하여 멘트로 그때 그때 풀어 놓는다. 그리고 바로 이어서 다음에 배우는 '주먹보' 게임으로 연결할 수 있 도록 해보자.

(9) 주먹보

옛날 게임이지만 약간 변화를 주거나 다듬으면 새롭게 느껴지고 재미있다.

▶**준비물** : 없음

▶**방 법**

1. 둘이서 '가위 바위 보'를 한다. 이긴 사람은 "이겼다!"라고 외치며 손을 높이 들고 만약 비긴 경우에는 비기는 순간 손바닥으로 앞사람 이마를 가볍게 먼저 터치하는 사람이 이기는 것이다(사실 말이 가볍게지 터치하

다 보면 그렇게 안된다). 다같이 "가위 바위 보!" - 왁자지껄- "첫판은 항상 연습입니다." 하고 다시 진행한다.

2. 승부가 나면 진 사람이 이긴 사람의 귀를 잡게 한다. 그리고 눈도 감게 한다. 그리고 재빨리 이렇게 외친다. "이긴 사람은 진 사람 겨드랑이 간지럼 태워주기~"라고 한 다음, "방금은 몸을 풀었고 이번엔 진짜 본 게임입니다. 다같이 가위 바위 보!" 진 사람은 보자기를 만들되 산에서 야호 하듯이 손을 모아(리더의 동작 시범) 앞으로 내밀고 대기, 이긴 사람은 취권의 뱀처럼 손을 만들어 진 사람의 양손에 손목까지 집어넣도록 유도한다. 동요나 간단한 노래를 부르다가 리더가 중간에 "뺑이야"라고 외치면 보자기 한 사람은 상대의 손이 빠져 나가기 전에 잡는데, 잡은 사람은 한 입 꽉 베어 먹어도 좋다고 말해주고, 이긴 사람은 손을 얼른 빼서 앞사람 배꼽을 꼭 찌르는 순발력 게임이다.

(10) 잼먹고

잼먹고 잼먹고 잼잼먹고먹고 너먹고 나먹고 이집주고 저집주고
후라이잼잼 후라이잼잼 가위바위보

벌칙으로 "이긴 사람 승리의 V자, 상대방 이마에 갖다대. 밑으로 5cm 내려, 걸리는 게 있죠?" 하면 재미있다.

(11) 토끼와 거북이

옆집 토끼, 앞집 토끼, 저쪽에 있는 토끼
토끼 이겨라, 토끼 이겨라… 이겨라, 이겨라 어라!! 왜 때려!!

(12) 선녀와 나무꾼

나무꾼이 나무를 하러 갔어요. 산속을 헤매다 우물을 발견한 거예요. 근데 거기에서 선녀가 목욕을 하고 있었어요. 첫 번째 선녀, 두 번째 선녀, …. 여

섯 번째 선녀의 이름은 선녀예요. 일곱 번째 선녀가 여섯 번째 선녀에게 말했어요. 물 좀 떠줘.

(13) 집어 놔

1. '집어' 하면 입으로 집기. 다치니까
   그냥 손으로 집기도 한다.
   "집어" 할 때 손을 놓으면 반칙패이다.
   "하나, 둘, 셋. 놔, 거기 셋, 집어!"

2. 이번엔 "놔' 할 때 집기를 한다.
   "집어, 집으라니까, 셋… 놔!"

3. 이번엔 '사자'란 말이 나오면 집기를 한다.
   "지금으로부터 약 40년 전에 어떤 사람이 살았어요. 근데 그 사람은 사지가 멀쩡했어요. 그러나 그 사람의 눈은 사슴의 눈을 닮았어요. 사팔뜨기 사시사철 사진만 바라보고 살았어요. 사사심리 사슴. 사자…"

집어 놔 게임

(14) L O V E

▶**준비물** : 없음

▶**방 법**

1. 노래박자에 맞추어 양 손가락으로 동시에 L자 모양, O자 모양, V자 모양, E자 모양을 만든다.
2. 또한 일어서서 두 팔로 하면 운동도 되고 재미있다. 이 게임은 식후에 나른하고 졸릴 때 하면 이상적이다.

▶**요 령**

4박자 노래(예를 들면 '짝사랑')는 모두 가능하다.

L : 오른팔은 평형, 왼팔은 위로 한다.

O: 오른팔 왼팔을 둥그렇게 잡는다.

V: 오른팔 왼팔 위로 향하여 V자로 한다.

E : 오른팔은 구부리고, 왼팔은 평행으로 한다.

(15) 손가락 빼기

둥그렇게 앉아서 하는 게임으로 각자 왼손은 엄지와 검지로 둥그렇게 고리

손가락 빼기 게임

를 만들고 오른손은 검지만 편다.

진행자가 "준비~~"하면 각각 옆사람의 왼손고리에 오른검지를 넣는다.

진행자가 "하나 두울 셋"을 외치면 각자 오른검지는 상대방의 고리에서 빼고 동시에 왼손고리에 들어온 옆사람의 검지는 잡는다.

(16) 신문지 줄다리기

▶**준비물** : 신문지

▶**방 법**

1. 두 사람이 1조가 되어 게임을 한다.
2. 신문지를 펴서 깔아 놓고 접힌 선을 경계선으로 하여 두 사람이 마주 보고 한 쪽 면씩 밟고 선다.
3. 리더의 하나, 둘, 셋! 소리와 함께 두 발을 동시에 뒤로 당겨서 신문지를 찢는다.

(17) 안짱다리 줄다리기

▶**준비물** : 수건

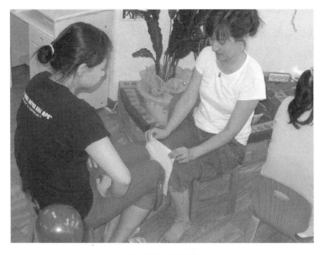

안짱다리 줄다리기

▶**방 법** : 커플 게임이나 팀 대항 게임으로 진행한다.

  1. 두 사람이 1조가 되어 그림과 같이 선 2개를 나란히 긋고 마주 선다.

  2. 두 사람은 수건을 양 무릎 사이에 끼고 손은 뒷짐을 진다.

  3. 시작 신호와 함께 무릎에 힘을 주어 수건을 잡아당긴다.

  4. 상대방의 다리에서 수건을 **빼내거나** 상대방의 발을 선 안으로 끌어들
    이면 이긴다.

(18) 사랑의 윙크

이 게임은 남녀 서로간의 관심 있는 이성에게 윙크를 하기 때문에 서로 좋아하거나 관심 있어 하는지 알아낼 수 있어서 흥미롭다.

먼저 2겹의 원을 만들어 앞줄은 여자들이 무릎을 꿇고 앉은 상태로 있고, 뒷줄에는 남자들이 앞사람과 30cm 정도의 간격을 두고 뒤에 서 있는다. 이때 남자는 다른 여자들과 술래를 절대로 보아서는 안된다. 자기 앞에 있는 여자의 뒤통수만 보아야 한다.

그리고 앞줄의 여자는 술래의 눈을 주시해야 한다. 술래가 어느 한 여자가 맘에 들어 윙크를 했을 경우 그 여자는 재빨리 도망가야 하고 그 뒤의 남자는 발을 떼면 안되고 그 자리에서 손만 움직이며 여자가 도망치지 못하게 잡아야 한다.

벌칙은 적당히 심하게 정하면 되고 남녀를 바꿔 해도 재미있다.

(19) 내 땅 (신문찢기)

두 사람이 신문지 위에 마주보고 선다.

"하나 두울 ~~셋" 하면 몸을 뒤로 하며 신문을 찢는다.

신문을 자기 쪽으로 많이 가져오는 사람이 "승!"

제8장

차내 레크리에이션

1. 차내 레크리에이션의 진행요령

차내 레크리에이션은 장 · 단거리 여행을 하면서 목적지까지 지루하지 않고 친목 도모를 위해 이루어진다. 진행자는 안전하고 편안하게 대상들과 교감이 형성되고 즐거움과 만족을 느낄 수 있도록 프로그램에 따른 다양한 게임을 준비하도록 한다.

2. 차내 게임

(1) 어깨 길로 공굴리기

▶**준비물** : 배구공 2개

▶**방 법**

좌우 2개조로 나누어 옆 사람끼리 마주보고 양팔을 펴서 앞과 뒤 좌석의 사람과 손을 연결, 다리를 만든다. 이렇게 해서 만들어진 다리 위로 앞에서부터 공을 굴려 먼저 뒤까지 간 조가 승리한 것이다.

* **도움말**

  1. 몇 번씩 연습을 한 다음에 게임을 하도록 한다.

  2. 공의 숫자를 늘린다거나 공의 크기에 변화를 준다거나 해도 재미있다.

  3. 고속도로 정체 등으로 버스가 움직이지 않을 때 하면 좋은 게임이다.

(2) 주먹 전보

▶**준비물** : '오른 어깨 ○○회, 왼 어깨 # #회'라고 쓴 종이를 각각 봉투에 넣어 둔다.

▶**방 법**

  1. 세로줄로 4열로 나누고 지도자는 준비한 봉투를 각조 마지막 사람들에 게 보여준다.

  2. 봉투를 받은 사람은 내용을 암기한다. 이때 소리 내서 읽거나, 다른 사 람들에게 보여준다거나 해서는 안 된다.

  3. 시작 신호와 함께 맨 뒷사람부터 앞사람의 어깨를 두들겨서 그 숫자를 전달한다.

  4. 빠르고 정확하게 전달 한 조가 승리한 것이다.

* **도움말** : 지도자가 진행 상황을 알려주어 서두르게 하면 좀처럼 정확하게 전달되지 않기 때문에 재미있다. 또 숫자가 많아지면 어려워진다.

(3) 풍선 릴레이

▶**준비물** : 풍선 4개

▶**방 법**

  1. 세로줄 대항의 릴레이 게임으로 한다.

  2. 먼저 각렬 선두에게 풍선을 나누어주고 같은 크기로 불게 한다(단, 묶 지는 않는다).

  3. 다 불었으면 꼭지를 잡고 뒤로 릴레이해 간다.

  4. 먼저 도착하고 풍선의 바람이 많은 조가 승리.

* **도움말**

  1. 풍선이 터지면 실격이다.

2. 양손 전달, 한손 전달 등으로 변화를 주면 한층 재미있게 된다.

(4) 귤의 나이는?

▶**준비물** : 귤 여러 개, 필기구, 메모지

▶**방 법**

지도자는 전원에게 필기구와 메모지를 나누어 준 다음 귤 2개를 들고 전원에게 보여준다. 그리고 그 귤 속의 조각 수를 메모지에 쓰게 한다.

전원이 다 썼으면 귤껍질을 벗겨 조각 수를 세어본다. 정답을 맞힌 사람에게는 푸짐한 상품 '귤 5개'를 준다.

* **도움말** : 분위기 환기용 게임으로 이용하면 좋다.

(5) 자기소개

▶**준비물** : 전원에게 배부할 메모지, 필기구

▶**방 법**

1. 지도자는 전원에게 메모지와 필기구를 나누어주고 질문에 대한 답을 쓰게 한다.

   예) 이름, 주소, 특기, 좋아하는 음식, 발 크기, 미혼 여부, 출생지, 생일 등

2. 메모지 기록을 마쳤으면, 메모지를 접어 좌우 2열씩 나누어진 상태에서 차례차례 시계방향으로 노래를 부르며 전달해 간다.

3. 지도자는 적당한 곳에서 스톱을 걸어 자기 손에 있는 메모지를 근거로 그 사람을 소개한다.

* **도움말** : 대상에게 알맞게 질문 내용을 조절한다.

(6) 말 잇기 자기소개

▶**준비물** : 없음

▶**방 법**

1. 먼저 첫째 줄의 한 사람이 일어나서 "나는 @@@입니다. 잘 부탁드립니

다.”라고 인사한다.

2. 다음 줄의 사람은 “@@@씨 안녕하세요. ###입니다.”라고 앞줄 사람의 이름을 부르면서 인사를 하고 자기소개를 한다.

3. 세 번째 사람은 “@@@씨, ###씨 안녕하세요. $$$입니다.”라는 식으로 자기 앞에 나왔던 이름을 전부 부르면서 인사를 하고 자기소개를 한다.

* **도움말** : 순서가 진행되어 사람 숫자가 많아지면 잘 생각이 나지 않기 때문에 주위 사람들이 응원해 주면서 전원이 이름을 외울 수 있도록 한다.

(7) 대신 대답하기

▶**준비물** : 없음

▶**방 법**

1. 같은 좌석에 앉은 2사람이 1조가 된다.

2. 먼저 지도자는 참석자 가운데 누군가 한 사람을 부른다. 그러면 이름 불린 사람의 파트너가 대답을 한다. 본인은 대답을 해서는 안 된다.

3. 파트너가 대답을 했으면 이번에는 이름 불린 본인이 바로 다른 참석자의 이름을 부른다.

▶**요 령** : 템포를 빠르고 생기 있게 진행한다.

* **도움말**

1. 이름을 부를 때는 그때까지 불리지 않은 것으로 제한한다.

2. 틀린 조에게는 벌점 1점을 주고, 제일 많이 틀린 조에게는 벌칙을 준다.

(8) 머리 운전

▶**준비물** : 손수건 한 장

▶**방 법**

1. 지도자는 앞에 서서 전원이 볼 수 있도록 손수건을 들고 설명한다.

2. 손수건을 움직이는 방향대로 전원이 고개를 움직인다. 이때 지도자는 ‘하나, 둘’ 하는 식으로 박자를 맞추면서 하도록 한다.

3. 숙달되면 노래를 부르며 반대 방향으로 고개를 움직이게 해 본다.

* **도움말** : 이 게임은 맞고 틀리고를 떠나 분위기 고조시키는 것을 목적으로 하므로 억지로 벌칙을 주지 않도록 한다.

(9) 귤껍질 까기

▶**준비물** : 두 사람에 귤 1개씩

▶**방 법**

1. 버스 좌석 좌우를 기준해서 2조로 나누고, 각 조의 같은 좌석에 앉은 사람끼리 어깨동무를 한다.
2. 지도자는 어깨동무를 한 각 조의 맨 앞줄 두 사람에게 귤을 1개씩 준다.
3. 귤을 받은 두 사람은 어깨동무하지 않은 나머지 한 손으로 협력해 귤껍질을 까서 사이좋게 반씩 나누어 먹는다. 다 먹었으면 손을 들어 표시한다.
4. 이런 방식으로 계속 릴레이를 해 가는데 먼저 끝까지 간 조가 승리한 것이다.

* **도움말** : 다 먹은 후에 휘파람을 불게 해도 재미있다. 또는 귤껍질을 남겨 두어서 가장 깨끗하게 벗긴 두 사람에게 상품을 주는 것도 좋다.

(10) 도착시간 맞추기

▶**준비물** : 메모지, 볼펜

▶**방 법** : 차내 게임으로 적당하다.

1. 승차한 전원에게 메모지와 볼펜을 나누어준다.
2. 메모지를 받은 사람들은 자신의 이름을 쓰고 나서 목적지에 차가 몇 시 몇 분 몇 초에 도착할 것인지를 예측하여 메모지에 적고 리더에게 넘겨준다.
3. 리더는 메모지를 모아 갖고 있다가 가장 정확하게 맞춘 사람을 발표하고 상품을 준다.

▶**요 령** : 도착시각은 버스가 주차장에 주차한 후 차 문이 열리는 순간으로

한다. 차 안에 걸려 있는 시계를 기준으로 하되 없으면 리더의 시계로 한다.

* 도움말 : 힌트를 주기 위해서 운전기사에게 소요시간을 물어 본다.

시간 순서대로 정리하여 갖고 있다가 시간이 지나간 사람들에겐 노래를 부르게 한다.

(11) 행운의 차량번호

▶**준비물** : 없음

▶**방 법** : 버스 안에서 즐길 수 있다.

1. 버스 앞쪽으로 빈자리가 없도록 당겨 앉는다.

2. 앞자리부터 1번부터 8번까지 개인별 번호를 갖는다. 이렇게 되면 1번부터 8번까지 1개조가 되어 차내는 5 내지 6개조가 형성된다.

3. 각 조의 7번은 자기가 속한 조원들에게서 동전을 1개씩 걷는다.

4. 리더는 동전이 모두 모아진 것이 확인되면 반대 방향에서 오고 있는 차 중에 어떤 차를 지목한다.

5. 지목한 차량의 번호 끝자리 수가 '4'로 끝나면 각 조의 7번은 모아둔 동전을 4번에게 상금으로 준다.

6. 차량번호 끝자리 수가 '0'이나 '9'로 끝나면 조 전체가 동전을 1개씩 더 모아 동전 16개를 놓고 진행한다.

* 도움말 : 합산 능력이 빠른 대상일 경우 차량번호 중 큰 글씨 4개를 모두 더하고, 끝수 (단 단위)를 갖고 진행한다.

(12) 길이 노래

▶**준비물** : 없음

▶**방 법** : 이 게임은 차내 게임이다.

1. 달리는 차내에서 노래 1곡을 정한다.

2. 노래를 부르는 방법은 자동차가 1km를 달리는 동안 노래 1곡을 부르는 것이다.

3. 짧은 곡이면 길게 늘어지면서 불러야 하고 긴 곡이면 숨도 제대로 못

쉬고 불러야 한다.

4. 판정은 1km에 가장 가깝게 노래를 끝내는 사람이 챔피언.

▶**요 령** : 노래를 부르는 사람은 자동차의 계기판을 못 보게 해야 한다. 변화를 주어 500m나 200m으로 정하고 진행하면 정신없이 불러야 한다.

＊**도움말** : 길이를 지정하는 대신 시간을 정하고 진행할 수 있다. 즉 1분이나 30초에 시계를 보지 않고 노래를 끝내도록 한다.

(13) 같은 성씨 맞추기

▶**준비물** : 메모지, 볼펜

▶**방 법** : '도착시각 맞추기' 게임 방법으로 진행하는데 차내에 있는 사람들 중에서 김씨, 이씨, 박씨 등 어느 성씨가 몇 명이 있는가를 맞추는 게임이다.

(14) 화장지 돌리기

▶**준비물** : 화장지

▶**방 법** : 이 게임은 버스 안에서 진행할 수 있는 차내 게임이다. 버스에 승차를 하면 자연스럽게 2팀(통로 좌측, 우측)으로 또는 4팀(4열 종대 형)으로 나누어진다. 이 게임은 2팀으로 하는 것이 좋다.

1. 화장지를 머리 위로 넘겨서 맨 뒷사람에게까지 갔다가 돌아오기를 하는데, 1회전은 통로 측끼리, 2회전은 창가 측끼리, 3회전은 통로 측으로 가서 창가 측으로 돌아오기, 4회전은 창가 측으로 가서 통로 측으로 돌아오기, 5회전은 통로 측으로 갔다 와서 창가 측으로 갔다 오기 등으로 할 수 있다.

2. 화장지를 풀어서 창가 측의 맨 앞사람이 목에 2번을 감고 옆사람에게 주면 통로 맨 앞사람은 이것을 받아서 목에 2번을 감고 뒤로 넘긴다. 이와 같이 계속 반복하여 지그재그로 끝까지 먼저 보내는 팀이 이기는데 중간에 화장지가 끊어지면 감점 처리를 한다.

3. 목에 화장지를 감고 있는 상태에서 노래를 몇 곡 불러 본다. 이때도 화

장지가 끊어지면 안 되므로 전원이 꼼짝달싹 못하게 되어 진풍경이 벌어진다.

4. 목에 감겨 있는 화장지를 풀면서 원상태로 감아 놓기

▶**요 령** : 중간에 화장지가 끊어지면 안 된다고 강하게 주의를 준다.

* 도움말 : 이 게임은 승차 후 서먹서먹한 분위기에서 도입부로 진행하면 분위기도 좋아지고 전원이 참여의식을 갖게 되어 좋다. 풀어 놓은 화장지를 다시 감는 4번 게임은 반드시 하는 것이 좋다. 이것을 안 하면 차내가 지저분해질 뿐만 아니라 과소비를 하는 느낌이 든다. 차내에 어린이가 있다면 교육적으로도 좋지 않다.

(15) 노래 손님(1)

▶**준비물** : 손수건

▶**방 법** : 교실이나 차내에서 할 수 있는 게임이다.

1. 리더는 준비한 손수건을 임의로 한 사람에게 준 후 돌아선다.
2. 리더가 '뒤로 3번!' 하고 외치면 손수건을 갖고 있던 사람은 손수건을 3칸 뒤로 보낸다.
3. 계속해서 리더는 "오른쪽으로 2번!" "앞으로 5번!"… 하고 외치다가 "스톱!"을 하면 손수건을 갖고 있는 사람은 노래 손님이다.
4. 노래 손님의 노래를 듣고 나서 같은 방식으로 계속하되 리더 대신 노래 손님이 명령을 내려도 좋다.

▶**요 령** : 손수건 2개로 진행하면 더 박진감이 있다. 이때 1번 손수건은 노래를, 2번 손수건은 노래에 어울리는 춤을 추게 하면 더욱 재미있다.

(16) 노래 손님(2)

노래를 부르며 박자에 맞춰서 손수건을 정한 방향으로 돌리다가 노래가 끝났을 때 손수건을 갖고 있는 사람이 노래 손님이다.

제9장

야외 게임

1. 야외 게임 진행요령

야외 게임은 실내 게임보다 훨씬 진행이 쉽다. 대상들이 스스로 움직이고, 부대끼고 하면서 즐거움을 찾는 동적인 활동이기 때문에 게임 방법을 소개하고 진행만 하면 되기 때문이다.

① 실외는 필히 음향이 필요하다.

② 진행 중에는 행진곡 같은 경쾌한 음악을 틀어 주면 훨씬 분위기가 산다.

③ 중계방송을 열심히 해서 보는 것뿐만 아니라 듣는 즐거움도 줘라.

④ 승패의 판정은 공정하게 하라― 말이 많아지기 시작하면 골치 아프다.

⑤ 한번 내린 판정은 번복하지 마라― 난리가 난다.

⑥ 마무리를 잘해라― 경쟁으로 시작해서 경쟁으로 끝나므로 꼭 댄스 같은 프로그램으로 전체가 하나 될 수 있는 의미 있는 프로그램으로 마무리하도록 한다.

2. 야외 게임의 유형

아래에 소개되는 게임은 내용에 따라 유아, 어린이도 할 수 있다.

(1) 뒤집기 한판

6절지 크기의 두꺼운 색표지를 한쪽은 파란색, 또 한쪽은 빨간색 붙여 카드를 만든다(적어도 20개 이상). 절반은 빨간색, 나머지 절반은 파랑색으로 엎어 놓고 팀의 색깔을 정해 준다. 양팀 대표 1사람씩 나와서 호루라기 소리와 함께 카드를 뒤집는데 주어진 시간에 어떠한 색깔의 카드가 많은가 겨루는 게임이다.

(2) 업고 업히고

▶**준비물** : 없음

▶**방 법**

  1. 2사람이 1조가 되어 가위 바위 보를 한다.

  2. 진 사람들은 이긴 사람들을 업고 노래 1곡을 부르며 돌아다닌다.

뒤집기 한 판 게임

3. 노래가 끝나면 이긴 사람들은 업힌 상태에서 다른 업힌 사람과 만나 가위 바위 보를 한다.

4. 업힌 사람이 이기면 업은 사람도 이기고, 지면 업은 사람도 지는 것이 되어, 이긴 조 또는 진 조가 구별된다.

5. 진 조는 이긴 조 사람들을 업고 또 노래를 1곡!

▶**요 령** : 노래를 부르는 대신 신나는 음악을 준비하여 음악에 맞추어 춤추 며 돌아다니는 것도 좋다.

* **도움말**: 계속해서 파트너가 바뀌기 때문에 친교를 위한 게임으로 적합하다.

(3) 끈끈이 60

사람 줄다리기와 비슷한 효과를 얻을 수 있으며 둘 중 하나를 선택해서 할 수도 있다.

▶**준비물** : 없음

▶**방 법**

1. 농구 골대나 나무기둥, 전봇대와 같은 기둥에 앞의 놀이에서 진 팀이 먼저 앞사람의 허리를 꽉 붙잡은 채 붙는다.

2. 신호가 떨어지면 60초 안에 상대팀이 달려가서 한 명씩 기둥에서 뜯어 낸다.

3. 서로 역할을 바꾸어 해보는데, 제한시간 60초 이내에 더 많이 뜯어낸 팀이 이긴다. (시간을 더 늘릴 수도 있고, 사람이 많으면 기둥에 나누 어 붙을 수도 있다.)

(4) 씨 름

① 팔씨름

② 닭싸움

③ 돼지씨름 ; 두 사람이 쪼그려 앉아서 두 손을 종아리 뒤쪽으로 잡고 밀 치는 게임

(5) 파트너 바꾸기(붙기 게임)

두 사람씩 짝이 되어 불규칙적으로 여기저기 선다.

술래와 함께 도망자 한 명을 지정하고 도망자는 아무 짝 곁에 가서 붙는다.

도망자가 도망가 남자 옆에 붙으면, 그 남자 곁에 있던 노란색 옷의 여자가

도망자가 된다.

술래가 방황하는 도망자를 치면 역할이 바뀌게 된다.

(술래는 도망자가 되고, 도망자는 술래가 된다.)

(6) OX 게임

▶**준비물** : 큰 OX 카드, 알쏭달쏭 퀴즈

▶**방 법** : 전체적인 프로그램을 진행하기 전에 모두가 움직이는 게임으로 미리 준비한 퀴즈를 내게 되면 그 퀴즈의 답이 O 또는 X 여부를 판단하여 해당 지역(미리 준비된 O, X 카드를 향하여)으로 움직여 수를 점점 줄여가는 게임이다. (예 : 세계 최초로 숫자를 발명한 나라는 아라비아다. 맞는다고 생각하는 사람은 O, 틀리다고 생각하는 사람은 X로 이동한다.)

▶**요 령** : 퀴즈는 흥미롭고, 문항 수는 넉넉하게 알쏭달쏭한 문제로 준비한다. 문제를 냈을 때는 대상이 충분히 O, X 여부를 선택하도록 여러 번 반복하여 불러주고, 도우미(보조진행)를 두어 틀린 사람은 즉시 자리로 돌아갈 수 있도록 유도한다. 최종적으로 남은 한 사람에게는 큰 상품을 준비해 두었다가 곧바로 시상한다.

(7) 다인다각

▶**준비물** : 다리를 묶을 수 있는 40~50cm 정도의 천

▶**방 법** : 다리를 묶고 반환점을 돌아오는 경기다. 단순하지만 항상 해봐도 즐겁고 재미있다. 단, 두 사람이 다리를 묶는 것이 아니라, 세 사람이 다리를 묶고 반환점을 돌아오는 것이다.

▶**요 령** : 릴레이로 할 수도 있고 조별 출발로 해서 1 : 0, 1 : 1과 같은 방

제9장 야외 게임 **115**

법을 사용할 수도 있다. 그리고 세 사람 이상이 한 번에 다리를 묶고 반환점을 돌아오는 방법과, 한 번에 숫자를 계속 늘려가는 방법도 있다. 예를 들면 6명 1개조라면 처음 출발은 3명, 반환점을 돌아온 후에 한 사람을 더 붙여서 반환점 돌아오고, 또 한 사람—나중엔 6명이 모두 돌아오는 경기로 먼저 골인한 것으로 점수를 낸다. 1개조가 끝나면 1 : 0, 2조가 같은 방법으로 진행 2 : 0수가 많아도 진행할 수 있고 대규모 인원이 아니면 모두가 다 참여할 수도 있다. (중간에 밀가루에 묻힌 사탕을 물고 오거나, 과자를 따먹고 오는 등 변화를 주도록 하자.)

(8) 캥거루 여행

▶**준비물** : 두 사람이 들어갈 정도의 자루
▶**방　법** : 자루 속에 두 다리를 넣고 깡충깡충 뛰어서 반환점을 돌아오는 릴레이 게임이다. 서로 먼저 반환점을 돌아오기 위해 열심히 뛰다가 넘어지고 역전을 거듭하는 묘미가 있다. 자루는 천막집에서 청색과 홍색으로 크기는 넉넉하게 허리 정도 높이로 맞추면 된다. 폐품을 활용하려면 쌀집에서 정부미 자루를 구해도 된다.
▶**요　령** : 릴레이 게임이 모두 그렇듯 개별 출발로 해도 괜찮다. 재미를 더하려면 자루 1개에 2명이 들어가서 하면 더욱 재미있다. 2인 1조 경기는 반드시 릴레이가 아닌 개별 출발(1 : 0의 형태)로 해야 한다. 특히 2인 1조는 성인이나 부부들이 많은 경우 혼성으로 하면 훨씬 보기도 좋고 재미있다.

(9) 황소씨름

▶**준비물** : 튜브 2개, 천, 뽕 망치 2개
▶**방　법** : 게임 도구는 자동차 타이어 튜브 2개에 바람을 넣고 강목 천으로 두 개를 묶는다. 튜브 새것 1개의 가격은 불과 몇 천원이다. 진행은 각 튜브에 한 사람씩 들어가서 뽕 망치를 들고 대기한다. 튜브 속의 사람이

보이는 전방 3~4m에 풍선을 불어 보조 진행자에게 땅에 대고 잡게 한다. 호루라기 소리와 함께 서로 당겨서 자신의 전방에 있는 풍선을 뿅 망치로 때려 먼저 터치는 사람이 이긴다.

▶**요 령** : 가급적 체격 조건이 비슷한 사람끼리 대결하게 유도한다. 다른 사람들은 자신의 자리에서만 응원하며 즐기도록 해야 하며, 그렇지 않으면 복잡하게 된다. 풍선은 미리 여러 개 불어 놓는다. 공정하게 중간에서 경기에 임하도록 한다. 튜브나 천을 잡아당기면 반칙임을 상기시키자.

(10) 바벨탑의 최후

▶**준비물** : 같은 크기의 종이박스 30개

▶**방 법** : 종이박스를 조립하여 탑을 누가 먼저 쌓는가 하는 경기로 2인 1조로 진행된다. 게임은 종이박스를 해체하여 납작하게 만든 다음 시작한다. 팀당 15개씩 주어진다. 호루라기 소리와 함께 2명이 박스를 모두 조립하여 15층탑을 먼저 쌓는 팀이 이긴다. 생각보다 마음이 급해서인지 잘 안된다. 자칫하면 탑이 무너지고, 바람이라도 살짝 불면 와르르--안타깝지롱.

▶**요 령** : 항상 시작하기 전에 두 번째 팀부터는 보조 진행자가 해체한 후 시작한다. 특별히 어려운 것은 없다. 상황을 봐서 시간을 절약하려면 3분 안에 어느 팀이 많이 쌓는지 결정해도 된다.

(11) 인간 철도

▶**준비물** : 없음, 다만 팀당 50명 이상은 될 때 사용한다.

▶**방 법** : 이 게임은 전체 게임의 막바지에 사용하면 좋다. 각 팀 전체 인원이 2열 종대로 서서 옆사람과 마주보고 양손을 굳게 잡는다. 주자 한 사람이 그 대형의 제일 앞에서 대기한다. 호루라기 소리와 함께 주자는 양손 위에 엎드리면 2열로 손을 잡고 있는 사람들은 손으로 옆으로 들어 던지듯 전달한다. 끝까지 도착하면 주자는 반환점을 돌아와서 다시 손 위

에 엎드리면 이번에는 앞쪽으로 전달하며, 최초 출발점으로 어느 팀이 먼저 도착하는가를 겨루는 단합 경기이다.

▶**요 령** : 주자가 마지막 손 위에 도착하는 지점으로 보조진행자가 서 있다가 잘 받아 주거나 잡아 주어야 한다. 자칫 다칠 수도 있지만 서로가 주의하게 되어 있다. 장난이 되지 않게 진행한다. 3승 2판으로 진행하면 된다. 주자는 바꿔가면서(예 : 가벼운 사람, 엉덩이가 큰사람 등)하면 좋다.

(12) 풍선 터트리기

▶**준비물** : 풍선, 끈

▶**방 법**

1. 청, 백 2팀으로 나눈 후 전원에게 풍선 2개와 50cm 정도의 끈 2개를 나누어 준다.
2. 각자 풍선을 불어 그림과 같이 발목에 묶는다.
3. 시작 신호와 함께 상대팀으로 뛰어가 상대팀의 풍선을 발로 밟아 터뜨린다.
4. 제한시간이 되면 자기 팀의 지역으로 돌아와 터지지 않고 남아 있는 풍선의 숫자로 승패를 가린다.

▶**요 령** : 4팀일 경우 색깔이 있는 포장 끈(청 · 홍 · 백 · 황색)으로 묶고 4팀이 동시에 경기를 치른다.

풍선 터트리기 게임

(13) 파도를 넘자

▶**준비물** : 빨랫줄 조금, PVC 파이프 1~1.5m 크기 2개 또는 전체 팀 숫자만큼

▶**방 법** : 각 팀 전체 인원이 2열 종대로(상황에 따라 3열 종대로) 어깨동무를 하고 서서 대기한다. 각 팀 앞에는 각 파이프에 빨랫줄을 끼워 넣고 파이프는 땅에 눕혀 놓고 양쪽에서 줄을 잡고 제일 앞에서 대기한다. 호루라기 소리가 들리면 줄을 잡은 두 사람이 발 아래로 파이프를 끌고 (굴려)가면 어깨동무를 하고 있는 사람은 그 파이프를 뛰어넘는다. 제일 뒤에까지 도착하면 다시 어깨동무하고 있는 사람은 돌아서서 대기하고 파이프를 끄는 사람은 뒤에서 앞으로 굴리고 앞으로 먼저 도착하는 팀이 이긴다.

▶**요 령** : 이 게임도 전체 게임의 막바지에 하는 것이 좋다. 생각보다 쉽게 이루어지지 않으므로 연습을 두어 차례 한 뒤에 3판 양승으로 하면 된다. 줄을 잡고 굴리는 사람은 보조 진행자가 아니라 팀에서 대표로 나와야 한다.

(14) 황소 줄다리기

▶**준비물** : 줄다리기 줄

▶**방 법**

1. 각 팀에서 대표 한 사람씩 선발한다.
2. 줄 양쪽을 연결하여 원으로 만든다.
3. 원으로 된 줄 안으로 두 사람이 들어가 줄을 잡고 서로 반대 방향으로 선다.
4. 시작 신호와 함께 앞으로 1m 이상 끌고 간 사람이 이긴다.

▶**요 령** : 팀 대항으로 하거나 토너먼트로 진행한다.

(15) 모둠발 뛰기

▶**준비물** : 깡통, 끈

▶**방 법**

1. 짝 배수의 팀으로 팀 구성을 한다.
2. 각 팀의 1번 선수들은 두발을 모아 발목을 끈으로 묶는다.
3. 무릎 사이에 깡통을 끼우고 양손은 뒷짐 진다.
4. 출발 신호와 함께 두 발을 동시에 깡충깡충 뛰면서 반환점을 돌아와 다음번 선수에게 깡통을 넘겨준다.

* **도움말** : 깡통은 각 팀에 1개씩이면 되나 발을 묶는 끈은 2개 이상 준비한다. 벌칙 게임 이나 대표자 게임으로 좋다.

(16) 알 낳고 돌아오기

▶**준비물** : 풍선, 바구니, 바통

▶**방 법**

1. 풍선을 불어서 무릎 사이에 끼우고 양손은 뒷짐을 진다.
2. 출발 신호와 함께 반환점으로 깡충깡충 뛰어가 반환점에 있는 바구니 에 풍선을 넣고 돌아와 다음 번 선수와 바통 터치를 한다.

(17) 캥거루 드리블

▶**준비물** : 공

▶**방 법**

1. 2사람이 1조가 되어 갑은 업고 을은 업힌다. 이때 업힌 을은 공을 갖고 준비하고 갑은 출발선에 선다.
2. 시작 신호와 함께 갑과 을은 호흡을 맞춰서 공을 튀기면서 반환점을 돌아온다.
3. 공이 다른 곳으로 튀어 나갔을 경우 다시 주워서 계속하는데 어떠한 경우라도 갑은 공을 만질 수 없다.

▶**요 령** : 반환점에서 갑과 을이 서로 임무를 교대해도 재미있다.

* **도움말** : 팀 대항 경기도 재미있고 커플 게임으로도 좋다.

(18) 경운기 몰기

▶**준비물** : 없음

▶**방 법**

1. 각 팀마다 2사람이 1조가 되어 2줄로 줄을 선다.

2. 출발선에서 갑은 팔굽혀펴기 자세를 취하고 을은 엎드린 갑의 발목을 잡고 들어 올린다.

3. 시작 신호와 함께 엎드린 갑은 팔의 힘을 이용하여 앞으로 나가고 발목을 잡고 있는 을은 갑의 발이 땅에 닿지 않도록 하여 발목을 잡고 갑을 쫓아간다.

4. 1번 조가 반환점을 돌아오면 2번 조가 출발한다.

▶**요 령** : 체력을 요구하는 게임이므로 반환점은 5m 정도가 적합하다.

* **도움말** : 엎드린 사람의 양 허벅지 위에 공을 올려놓고 떨어뜨리지 않고 반환점을 돌아오게 하면 흥미를 더할 수 있다.

(19) 가마 릴레이

▶**준비물** : 없음

▶**방 법**

1. 각 팀마다 3사람이 1조가 되어 갑과 을은 서로 마주보고 두 손을 엮어서 병이 올라탈 수 있도록 가마를 만든다.

2. 시작 신호와 함께 병은 빨리 가마에 올라타고 3명이 함께 반환점을 돌아온다.

3. 팀 대항 릴레이 경기이다.

* **도움말** : 가족 동반 야유회나 운동회 때 부모님들이 가마를 만들고 어린이가 그 가마에 올라타고 경기를 하면 좋다.

(20) 오리발 릴레이

▶**준비물** : 오리발

▶**방 법** : 각 팀별로 1사람씩 반환점을 돌아오는 릴레이 경기인데 바통 대
신 오리발을 신고 반환점을 돌아와 다음 선수에게 오리발을 벗어서 넘겨
준다.

* **도움말** : 급한 마음에 무조건 앞으로만 뛰려 하면 넘어져 부상을 입을 수 있다. 리더는
무릎을 최대한 올려 가며 앞으로 뛰라고 주의를 준다.

(21) 3인 줄넘기 릴레이

▶**준비물** : 줄넘기용 줄 2~5개

▶**방 법**

1. 5~10명을 한 팀으로 하여 팀마다 스타트 라인에 늘어서서 앞사람부터
순서대로 번호를 붙인다. 줄은 각 팀에 1개씩 준비 한다.

2. 리더의 신호로 첫 번째 사람과 세 번째 사람이 줄을 돌리고, 두 번째
사람이 넘으면서 목표 지점까지 갔다 온다. 다음은 두 번째 사람과 네
번째 사람이 줄을 돌리고 세 번째 사람이 뛴다. 같은 순서로 계속하여
릴레이를 한다. 빨리 끝난 팀이 이기게 된다.

3. 인원수가 많을 때는 3인 1조로 하여 반환점을 돌아와서 다음 조에 터
치한다. 도중에 걸렸을 경우 그 장소에서 다시 한다.

* **도움말** : 2명 내지 3명이서 손을 잡고 함께 뛰면서 릴레이를 하여 반환점을 돌았다면 반
대로 돌아와도 좋다.

(22) 소풍(야외) 게임

① **삐에로와 함께** : 각 팀의 선생님이 삐에로 옷을 입고 대기한다.

　　1단계- 풍선을 나누어주고 불어서 삐에로 옷에 넣어 삐에로 만들기 시합
　　　　　을 한다. 어느 팀이 빨리 그리고 예쁘게 만들었는지 판단한다.

　　2단계- 삐에로의 디스코 대결(어느 삐에로가 춤을 잘 추는가?)

　　3단계- 삐에로 옷을 벗기지 않고 그 안에 있는 풍선을 어느 팀이 빨리

터뜨리는지 시합한다.

② **림보 게임** : 긴 끈이나 폴대를 선생님이 양쪽에서 잡고 있으면 한 사람 씩 뒷짐 지고 상체를 뒤로 젖혀 통과하기(한 줄로 서서 한 사람씩 통과 한다.)

③ **깡통 볼링** : 깡통을 세워 놓고 공을 굴려 하는 볼링(깡통을 일일이 세우 기 힘드니까 종이박스나 골판지를 이용하여 깡통을 세우는 삼각형 박스 를 만든다. 구조는 포켓볼 세팅할 때를 생각하면 응용할 수 있을 것이 다.

④ **반바지 릴레이** : 일반 달리기와 비슷하고 단지 반환점을 돌아온다는 것 과 바통은 반바지(허리가 고무줄로 되어 있는 것)를 사용한다는 것이다.

⑤ **왕자님 모시기** : 신문지를 펴서 귀퉁이를 2명이 양손으로 잡고 그 위에 비치 볼(또는 풍선)을 얹고 반환점 돌아오기.

⑥ **잠수놀이** : 세숫대야에 얼굴을 담고 누가 오래 버티는지 겨루는 게임.

⑦ **물병 이고 릴레이** : 물을 가득 채운 페트병을 머리에 올린 다음 손을 대 지 않고 반환점 돌아오기. 머리에서 떨어졌을 경우 그 자리에서 다시 준 비하여 계속 진행한다.

(23) 풍선 기둥 릴레이

보이는 것이 크고(시각적 효과가 크다는 소리), 뭔가 크게 하는 것 같은 느 낌이 든다. 한 팀의 숫자가 적어도 30명 이상일 때 더욱 큰 효과를 본다. 전체가 힘들지 않고 참여할 수 있어 즐거운 게임이다.

▶**준비물** : 풍선, 질긴 통비닐 6m짜리 2개(통비닐은 팀의 수에 따라 정한 다.)

풍선은 한 봉지에 50개들이가 경제적이다.

풍선은 충분히 준비해야 한다(팀당 5봉지 정도는 필요하다).

▶**방 법**

1. 먼저 통비닐은 한 팀에 하나씩 나누어 주고 한쪽 끝을 묶는다.

2. 풍선을 가급적 한 사람 앞에 1개씩은 가질 수 있게 나누어주고, 불어서

　　통비닐에 담는다.

3. 모두 담은 팀은 입구를 묶게 한다.

준비경기

1. 어느 팀이 많이 모았는지 팀 대표가 세워서 누가 더 큰가 본다.

2. 각 팀의 모든 참가자를 1열 종대로 세운다(양팀의 수를 맞춘다).

본 경기

1. 풍선 기둥을 선두 부분에 눕혀 놓고 전체를 다리를 벌리게 한다. 호르라기 신호와 함께 다리 사이로 뒤쪽으로 전달한다. 제일 뒤까지 도착하면 양팔을 벌려 머리 위로 전달하여 앞으로 먼저 도착하는 팀이 이긴다.

2. 계속 응용하여 진행한다. '우향우' 하여 (오른쪽 출발) 양팔로 아기를 안듯이 하여 뒤로 전달→ 뒤에서 앞으로 전달할 때는 좌향좌 하여 왼쪽으로 전달하여 앞으로 도착.

3. 메들리로 응용. 오른쪽으로 뒤로 전달→ 왼쪽으로 해서 앞으로 도착→ 다리 사이로 뒤로 전달→ 머리 위로 해서 앞으로 도착.

▶요 령 : 시간이 많으면 메들리로 3판 양승제로 하면 된다.

　　한 가지 게임이지만 여러 동작으로 변화하여 진행되므로 지루하지 않다.

(24) 촛불 들고 릴레이

▶**준비물** : 양초 4개, 성냥 및 라이터

▶**방　법** : 촛불을 들고 꺼뜨리지 않고 출발지점으로 돌아오는 팀이 이긴다.

(25) 고무줄 나르기

▶**준비물** : 나무젓가락 20쌍, 고무줄 여러 개

▶**방　법** : 나무젓가락 반씩을 입에 물고 그 위에 고무줄을 얹고 손을 대지

않고 고무줄 나르는 게임이다.

(26) 개미떼 풍선 터뜨리기

▶**준비물** : 풍선 여러 개, 바인더 끈

▶**방 법**

1. 풍선을 선수들에게 불게 한다. (풍선을 불기 전에 상대방이 자신의 풍선을 터뜨린다고 미리 말한다. 그러면 잘 안 터지게 불 것이다. 이걸 이용해서 풍선을 다 불면 상대방과 바꾸게 한다.)
2. 풍선을 다 불면 바인더 끈에 매어서 각자의 발목에 매게 하고, 기준점에 아이들을 세우고, 시작 호각과 함께 상대의 풍선을 터뜨리게 한다.

▶**요 령** : 규칙은 손을 사용해서는 안 되고, 오직 발로만 해야 하며, 풍선의 바람이 빠져서 작아지면 퇴장이다.

(27) 몸으로 말해요

▶**준비물** : 메모지 여러 장

▶**방 법**

1. 진행자는 메모지에 물건 같은 것을 미리 적어놓는다.
2. 인원을 길게 하여 짝 배수의 팀으로 팀 구성을 한 후 1줄로 선다.
3. 메모지에 적힌 단어들을 각 팀의 팀 주장들에게 동시에 보여준다.
4. '시작' 소리와 함께 팀 주장들은 자기 팀에 1번에게 메모지의 내용을 몸으로 전달한다. (1번은 2번에게, 2번은 3번에게…)
5. 맨끝 사람은 손을 들고, 답을 진행자한테 이야기한다. 답이 틀리면 다른 문제가 다시 팀 주장들한테 전달되어 다시 게임이 진행된다.

(28) 철인경기

▶**준비물** : 풍선 여러 개, 쟁반, 밀가루, 사탕, 비스킷

▶**방 법** : 코끼리 코 잡고 5바퀴 → 풍선 불어 터트리기 → 쟁반 위의 밀가

루 속 엿 손 안대고 먹기(바람불면 벌점: −100점) → 비스킷 먹고 휘파람
불기

(29) 바람의 월드컵

▶**준비물** : 검은색 스카치테이프, 탁구공 4개

▶**방 법**

1. 2개의 평행한 선을 긋는다. 이 때 2개의 선은 간격이 한 1m 정도 띄우
   고 탁구공을 가운데 두고 시작한다.
2. 2개의 평행한 선 뒤로 두 팀의 선수들이 서로 마주보게 앉힌 후에 시
   작! 하면 서로 입으로 바람을 불어 공을 상대방의 평행선 뒤로 지나가
   게 하면 골인이 되는 것이다.

▶**요 령** : 여러 사람이 함께 할 수 있으며 공은 가능한 한 2개 이상을 사용
하여 공이 자기 앞으로 안 와서 심심해 하는 친구들이 없도록 한다.

* **도움말** : 공이 입에 닿는 경우는 핸들링으로 패널트킥을 벌칙으로 받는데 이것은 축구의
  경우와 같이 적용하면 된다. 또 공이 밖으로 나갈 때는 교사가 적절히 집어넣어 준다.

(30) ‘가위 바위 보’ 업어주기

빠른 시간 안에 어색함을 없애고, 친구들과 육체적 접촉을 통해 친숙함을
느낄 수 있게 하는 게임이다.

▶**준비물** : 없음

▶**방 법**

1. 두 사람씩 짝을 지어 가위 바위 보를 한다.
2. 진 사람이 이긴 사람을 업어 준다.
3. 업힌 사람이 다른 업힌 사람과 만나 가위 바위 보를 한다.
4. 업힌 사람의 승패에 따라 업은 사람은 같이 업히기도 하고 업기도 한
   다.
5. 같은 방법으로 무르익을 때까지 (어느 정도 땀이 날 때까지) 계속한다.

* **도움말** : 매우 소란스럽고 혼란해 보이는 듯하나 분명한 질서가 있고 금세 친숙해질 수

있으니 염려하지 않아도 된다.

(31) 알까기 술래잡기

술래에게 잡힌 친구들을 구해 주고 또 구해줌을 받음을 통해 '나'에게서 '너'를 발견하고 고마움, 용기, 희생, 노력 등을 체험하게 된다.

▶**준비물** : 없음

▶**방 법**

1. 술래를 정한다(전체의 1/5 정도를 한다.)
2. 술래를 알리고 열까지 센 후 친구들을 잡기 시작한다.
3. 술래에게 잡힌 친구는 그 자리에서 양팔을 펴고 양발을 벌리고 서 있어야 한다.
4. 아직 움직일 수 있는 친구가 서 있는 친구의 다리 밑을 통과하면 풀려난다.
5. 술래에게 모두 잡히면 술래를 바꾼다.

(32) 그물 술래잡기(1)

처음에는 술래를 피해 도망 다니지만 일단 술래에게 잡히면 술래와 하나가 되어 더 많은 술래를 만들어 감으로써 '우리'라는 개념으로 확대되어 간다.

▶**준비물** : 없음

▶**방 법**

1. 술래를 한 사람 정한다.
2. 맨 먼저 술래가 된 사람은 술래가 아닌 사람을 쫓아다닌다.
3. 술래의 손이 닿으면 술래가 되는데, 이때 술래의 손이 닿은 부분을 한 손으로 잡고 쫓아 다녀야 한다.
4. 이렇게 하여 술래의 수가 점점 늘어나는데 발목을 쥔 술래, 배를 쥔 술래, 머리를 쥔 술래 등 각양각색의 술래가 아직 술래가 되지 않은 사람을 쫓아다닌다.
5. 모두가 술래가 될 때까지 쫓아다닌다.

(33) 그물 술래잡기(2)

그물 술래잡기(1)과 같은 효과를 가져올 수 있으며 두 가지 중 한 가지만 선택해서 할 수도 있다.

▶**준비물** : 없음

▶**방 법**

1. 술래를 한 사람 정한다.
2. 맨 먼저 술래가 된 사람은 술래가 아닌 사람을 쫓아다닌다.
3. 술래에게 잡힌 사람은 같이 술래가 되어 손을 잡고 다른 친구들을 쫓아다닌다.
4. 술래의 수가 늘어남에 따라 맨 처음 술래와 가장자리에 선 사람만이 술래가 아닌 사람을 칠 수 있는데 한마음으로 움직여 주지 않으면 술래를 늘리기 어렵다.
5. 모두가 술래가 될 때까지 손을 잡은 채로 같이 다닌다.

(34) 꼬리 늘리기

가위 바위 보를 통해 진 사람이 이긴 사람 뒤에 붙어 수를 늘려감에 따라 같은 팀에 대한 소속감이나 단결심을 느끼게 한다.

▶**준비물** : 없음

▶**방 법**

1. 각자 떨어진 상태에서 노래에 맞춰 오른발 옆으로 2번, 왼발 옆으로 2번, 1보 전진, 1보 후퇴, 3보 전진한다. 노래는 4/4박자로 간단한 것으로 한다. (예: 예수님 찬양, 산토끼, 송아지…)
2. 노래가 끝난 상태에서 만난 사람과 가위 바위 보를 한다.
3. 진 사람은 이긴 사람 뒤에 가서 붙는다.
4. 함께 다시 노래에 맞춰 전진, 후퇴, 전진하여 가위 바위 보 한다.
5. 계속 반복해서 2명→ 4명→ 8명→ 16명…으로 늘려 가는데 2팀으로 나눠질 때까지 한다.

(35) 사람 줄다리기

자기가 속한 팀에 대한 결속력과 협동심을 갖게 한다.

▶**준비물** : 없음

▶**방 법**

　1. 두 팀으로 만들어진 상태에서 줄다리기를 할 수 있는 대형으로 만든다.

　2. 맨 앞에서 선 사람끼리 팔고리를 한다.

　3. 서로 잡아당겨 상대팀을 끌고 오거나 끊으면 이기게 된다.

(36) 자연 보호

▶**준비물** : 상자, 자루

▶**방 법** : 모든 프로그램을 마치고, 행사장 주변 정리와 청소를 위하여 진행한다.

　1. 청, 백 2개 팀으로 또는 청, 홍, 백, 황 4개 팀으로 나눈다.

　2. 리더는 행사장 중앙에 빈 상자나 빈 자루를 팀별로 구분하여 놓는다.

　3. 시작 신호와 함께 각 팀원들은 주변에 버려진 쓰레기들을 주워 자기 팀의 상자 또는 자루에 모아 넣는다.

　4. 제한시간이 되면 쓰레기의 부피 또는 무게로 성적을 낸다.

▶**요 령** : 이 게임은 행사장 주변 정리와 청소를 위한 것으로 선의의 경쟁심을 유발하여 자연 보호를 하는 것이다. 때문에 상자나 자루를 넉넉하게 준비한다. 그렇지 않으면 행사장 중앙이 쓰레기 더미로 더럽혀진다.

* **도움말**: 어른들은 쓰레기를 모으고, 어린이들이 쓰레기를 나르면 좋다. 쓰레기의 양이 확연히 차이나지 않으면 '공동 1등'을 준다.

3. 캠프파이어에서의 게임

(1) 촛불의식의 순서

1. 주위정리

2. 기다림

"저녁 해가 기운 지 벌써 오래인 것 같군요.

모든 불빛이 사라진 이곳, 숨을 멈추고 고요만이 남겨져 있습니다.

이제 깨끗하게 비워진 마음으로 촛불을 밝히며 나의 다짐을 하는 시간을 갖도록 하겠습니다."

3. 시 낭송

"태초에 하늘이 열리며 신의 노여움을 사면서까지 프로메테우스는 인간에게 불을 전하였습니다. 이제 우리는 신비롭고 소중한 불 앞에서 서로의 마음과 마음의 문을 열고 순수한 자연의 섭리를 쫓아 아름다운 무지개다리를 놓는 귀중한 시간이 되도록 경건한 마음으로 불을 기다립니다."

4. 밝히며

"그러면 우리 주위를 밝혀줄 촛불이 점화되겠습니다.

촛불을 밝힌 친구들은 옆의 친구에게 나의 불씨를 전달해 주시기 바랍니다. - '밤배'

우리가 들고 있는 하나의 작은 초는 비록 작고 보잘것없지만 자신의 몸을 태워 이렇게 주위를 밝게 빛내주고 있습니다.

캠프파이어에서의 게임

5. 촛불의 의미

① 밝힘

② 따뜻함

③ 희생봉사

6. 부모님께(어머님 마음)

우리는 지금 언제나 다정하신 어머니의 곁을 떠나와 이 밤을 맞이하고 있습니다.

귀찮게 굴던 개구장이 동생도… 언제나 공부만 하라고 잔소리하던 언니(형)도 없습니다. 손만 내밀면 금방이라도 잡힐 듯한 어머니…

이 촛불 속에서 따뜻한 어머니, 아버지의 사랑이 묻어나고 있습니다.

어머니, 아버지가 그러셨던 것처럼 저도 남을 위해 살아가겠습니다.

그리고 끝끝내 저 자신의 나약함을 이겨내고 강한 딸, 아들이 되어 제 앞에 펼쳐진 시간을 성실하게 일구어 나가겠습니다.

어머니!, 아버지!

이제 집으로 돌아가면 좀더 성숙하고 의젓한 모습을 보여 드리겠습니다.

건강하게 오래오래 사시어 이 못난 딸, 아들의 효도도 받으시길 이 촛불 앞에서 간절히 빕니다.

어머니, 아버지 사랑해요!

7. 다짐을 하며('사랑을 할 거야' 노래)

"이제 여러분은 오늘을 통해 새로이 탄생되었습니다.

자랑스럽고 자신 있는 행동으로 앞날을 개척해 나갑시다.

내 부모님과 선생님 친구들을 사랑하며 이웃을 더 크게는 나라를 사랑

하는 마음으로 살아간다면 누구보다 훌륭한 학생이 아니겠습니까?

바뀐 내 모습을 보면서 자신 있는 목소리로 다같이 '사랑을 할 거야.'

노래를 힘차게 불러보겠습니다."

8. 마감하며('아리랑' 노래)

"그동안 잘못 살아온 날들을 반성하며 다 같이 촛불을 조용히 꺼 주십

시요. 자기의 시간을 갖도록 하겠습니다.

모두 살아왔던 날들과 그리고 살아왔던 날보다 더 많은 앞으로 살아가

야 할 날을 생각하며 자기만의 시간을 갖도록 하겠습니다.

이상으로 캠프파이어의 촛불의식과 함께 모든 시간을 마치겠습니다.

감사합니다."

(2) 빛 받으세요

▶**준비물** : 성냥, 초

▶**방 법**

1. 리더는 둥그렇게 모여 앉은 후 촛불 1개를 켠다.

2. 촛불을 쳐다보며 빛에 대한 인상 깊은 이야기나 덕담을 한 마디 한다.

3. 이야기가 끝나면 다음 사람에게 촛불을 넘겨준다.

4. 1사람씩 지날 때마다 훈훈한 마음들을 느낄 수 있다.

▶**요 령** : 리더는 적당한 시간에 피드백(feed back)을 해 주면 좋다. 인간관

계 훈련 프로그램으로 활용하면 좋다.

(3) 각종 시나리오 참고 자료

서 시

하늘을 우러러 한점 부끄럼이 없기를
잎새에 이는 바람에도 나는 괴로워했다.
별을 노래하는 마음으로 모든 죽어가는 것을 사랑해야지.
그리고 나에게 주어진 길을 걸어가야 했다.
오늘밤에도 별이 바람에 스치운다.

작은 촛불

까만 씨를 태우며 고요히 타오르는
작은 촛불처럼 내 마음에 영원한 불꽃이 되소서.

당신의 그윽하신 사랑을
나로 하여금 꽃띠우게 하시고

당신을 닮은 너그러움과
당신을 닮은 모든 인내가

거친 세상 이기는 힘이 되게 하소서.

시기 질투 미움의 무리는
내게서 멀리 뿌리 뽑아 가시고

영원히 낡지 않고
빛 발함 없는
비둘기의 순결로 옷을 지으사

사랑하는 하느님 내게 입혀 주소서.

칠흑같이 어두운 적막한 밤에도
마음은 언제나
한낮의 찬란한 태양과 같이
밝게 깨어 생각하며 진리대로 행하는

거룩한 빛의 자녀로 삶아 주소서.

불의 의미

수련생 여러분!

오늘 이곳 야영장의 싱그러운 대 자연 속에서 촛불의식을 갖게 된 것을 진심으로 기쁘게 생각합니다. 이 촛불은 제 몸을 태워서 어둠을 밝혀 우리의 눈이 되게 하고 바른 길을 인도하고 있습니다.

촛불을 눈 가까이 해 주시기 바랍니다. 촛불은 자기의 몸을 태워 온 누리를 밝히고 있습니다. 우리 인간 하나하나는 나약하지만 우리 모두, 힘을 합한다면 우리 주변을 환하게 밝힐 수 있을 것입니다. 우리 모두 촛불처럼 어두운 곳을 밝혀주는 참다운 사람이 됩시다.

이번에는 촛불을 가슴 가까이 가져가시기 바랍니다.

촛불의 훈훈함을 느끼실 것입니다. 우리 모두의 훈훈한 인정은 밝은 사회를 건설하는 지름길임을 깨닫고 힘 모아 나아갑시다. 인색하기보다는 너그러움으로, 방관하기보다는 참여함으로 웃음 꽃 만발한 조국 대한민국을 창조해 나갑시다.

촛불을 두 손 높이 받쳐 들어주십시오.

이 빛은 우리 젊음의 희망이며, 꿈이요, 이상입니다.

드높은 이상을 실현하기 위하여 줄기찬 노력을 기울입시다.

부모님 글

자식이 밤늦게 급체를 앓았습니다.

당신은 자식을 업고 읍내 병원까지 밤길 이십리를 달렸습니다.

그해 겨울은 유난히도 추웠습니다.

당신은 자식이 학교에서 돌아올 무렵이면 자식의 외투를 입고 동구 밖으로 나갔습니다.

그리고 자식에게 당신의 체온으로 덥혀진 외투를 입혀 주었습니다.

한값이라고 자식이 모처럼 돈을 보내 왔습니다.

당신은 그 돈으로 자식의 보약을 지었습니다.

오직 하나 자식 잘 되기만을 바라며 쏟아온 한 평생.

하지만 이제는 주름진 얼굴로 남으신 당신…

우리는 당신을 어머니라 부릅니다.

자식이 초등학교에서 우등상을 탔을 때

당신은 액자를 만들어 가장 잘 보이는 곳에 걸어 두었습니다.

일요일 아침 모처럼 뒷산 약수터에 올라

갔을 때 이웃사람들이 아버지를 닮았다고 인사할 때

당신은 괜히 기분이 좋았습니다.

자식이 첫 월급을 타서 내의를 사왔을 때

당신은 쓸데없이 돈 쓴다고 나무랐지만

밤늦도록 내의를 입어보고 또 입어봤습니다.

오직 하나 자식 잘 되기만을 바라며 쏟아온 한 평생.

하지만 이제는 희끗희끗한 머리만 남으신 당신…

우리는 당신을 아버지라 부릅니다.

4. 수영장에서 할 수 있는 게임

수영장에서 게임을 할 때는 무조건 안전사고에 신경을 곤두세워야 한다. 안전요원 배치는 의무사항이다.

(1) 수중 줄다리기

밧줄을 사용하지 않고 앞사람의 허리를 잡고 일렬로 늘어선 다음 게임을 시작한다. 서로 마주보는 제일 앞에 서 있는 사람은 자동차용 튜브를 잡아 당겨 자신의 팀 쪽으로 많이 오면 이기는 것이다.

(2) 간단한 장애물 경기

무릎 정도의 깊이에 훌라후프를 지그재그로 3~5개 정도 세운다. (물론 훌라후프를 잡아주는 사람이 필요하다.) 시작 신호와 함께 훌라후프를 통과하여 반환점을 돌아오는 게임이다.

수영장 게임은 준비운동에서 시작된다.

(3) 수상권투

어린이용 보트 2대의 머리부분을 서로 묶는다. 한 사람씩 보트에 올라가서 아톰막대(바람으로 세우는 오뚝이로 반환점으로 사용하는 것)의 밑부분을 잡고 상대를 쳐서 먼저 물속에 빠트리면 이긴다. 반드시 아톰막대는 밑부분을 잡아야한다. 아랫부분은 단단하기 때문에 다칠 위험이 있기 때문이다.

(4) 수중 릴레이

수심이 허리 정도의 깊이에서 튜브를 허리에 차고 비치볼을 발로 (힘들겠지만) 차서 반환점 돌아오는 경기로 유치원에서 초등학생까지는 손으로 쳐서 반환점을 돌아온다.

(5) 수중피구

중앙의 경계선만 노끈으로 양쪽에서 잡아 표시해 주고 육상에서 하는 피구를 물에서 한다.

제10장

실내 게임

야외 게임이 동적이라면 실내게임은 정적인 게임이다.

실내 게임은 무대 게임, 팀빙고 게임, 팀파워 게임 그리고 실내 어떤 곳에서도 할 수 있는 게임이 다양하게 있으며, 진행자는 대상 전체와 스킨십을 할 수 있는 프로그램으로 진행하여야 한다.

1. 무대 게임

대상을 선정하여 무대 위로 올라와서 프로그램을 진행하며 참가자 전체가 래포(rapport)가 형성되는 게임을 말한다.

(1) 커플 맞아?

5쌍 정도 앞으로 나오게 하여 남자는 의자에 앉게 하고 여자는 남자 뒤로 서게 한 뒤 여자의 눈을 가린다.

진행자는 미리 준비한 먹을 수 있는 것과 먹지 못할 것이 섞여 있는 쟁반 5개를 각 탁자 위에 올려놓는다. 그리고 시작과 함께 여자는 먹여주고 남자는 먹게 되는데 남자는 두 손을 뒤로 해야 되고 말도 하면 안된다. 먹을 수 있는 것을 가장 빨리 먹으면 승리!

이 게임은 여자가 눈을 가렸기 때문에 먹을 것을 남자의 눈이나 코에 넣어 주기도 하고 먹지 못하는 것을 억지로 먹여 주기도 하기 때문에 보는 사람은 더욱 재미있다.

(2) 음정 올리기

두 사람이 마주 서서 도레미~~~ 번갈아가면 음정을 높여간다. 더 이상 못 올라가면 지는 것이다.

(3) 시간 맞추기

진행자가 시간을 정해준다(예를 들어 '30초').

참여자 두 사람을 마주보고 서게 한다.

상대방 칭찬하기, 어떤 주제에 대한 자신의 생각 말하기 등 상대방에 밀리지 않고 각자 말을 끊임없이 해나가게 한다.

참여자들은 말을 하다가 자신이 생각하기에 30초가 됐다고 생각되면 "Stop!"을 외친다. 30초에 가장 근접한 사람이 이기는 게임이다.

(4) 그것이 알고 싶다

두 사람을 불러낸 후(연인 또는 남녀면 더 좋다), 등을 마주대고 서게 한다. 진행자가 하나의 질문을 던진다. 예를 들어 "두 사람은 좋아하는 사이입니까?"

그 다음 진행자가 "하나 두울 셋"을 외치면, 두 사람은 각자 고개를 왼쪽 또는 오른쪽으로 돌린다. 고개가 마주보게 되면 'Yes'로 간주하고, 고개가 엇갈리면 'No'로 간주한다.

참여자의 의도와는 다른 결과가 나오므로 재미있는 질문들을 많이 준비해 갈수록 재미있는 게임이 된다.

* **도움말** : 벌칙으로도 활용할 수 있는 게임이다.

(5) 테이프 떼기

각 팀에서 두 사람씩 나온다.

한 사람의 얼굴에 테이프를 붙이고, 나머지 한 사람이 그 테이프를 입으로 떼는 게임으로, 빨리 떼는 팀이 이기는 것이다.

연인이 함께 하면 좋다.

* **도움말** : 이 게임은 개인전으로 활용할 수도 있다. 테이프를 얼굴에 살짝 붙여 놓고, 손을 사용하지 않고 얼굴 근육을 움직여 떼어내게 한다.

(6) 빼빼로

흔히 하는 연인용 게임이다.

커플이 빼빼로 양쪽 끝을 입에 물고, 진행자가 "시작"하면 주어진 짧은 시간 동안 빼빼로를 가장 조금 남기는 팀이 '승'.

* **도움말** : 게임을 진행하다 보면 다 먹어치우는 응큼남들도 많이 발견된다.

(7) 전봇대

역시 연인용 게임.

각 팀에서 남녀 커플을 나오게 한 다음 남자 참여자는 짝을 등에 업는다.

진행자가 "180도"하면 업힌 여자는 업힌 상태에서 현재 위치에서 180도의 위치로 움직인다. (남자의 앞쪽이 된다.) 이렇게 '90도, 180도, 270도, 360도, 720도…' 진행해 나간다.

여자가 떨어지는 팀이 지는 게임이다.

(8) 어조목/ 한중량

진행자와 참여자 모두 검지손가락으로 허공에 삼각형을 그리면서 어조목(한중량)을 반복해서 외친다. 그러다가 진행자가 무작위로 한 사람을 가리키면서 '어' 하면 그 참여자는 재빨리 고기이름을 대는 게임이다.

여기서 '어'는 고기, '조'는 새, '목'은 나무, '한'은 한국음식, '중'은 중국음식, '량'은 서양음식이다.

(9) 가위 바위 보 왕 뽑기

사람 뽑아낼 때 쓰는 가벼운 게임.

최후에 이긴 자가 나올 때까지 가위 바위 보를 하는 것!

(역시 가장 공정한 건 가위 바위 보뿐!)

진행자와 참여자 전부가 하는 가위 바위 보도 있다.

다같이 가위 바위 보를 하늘높이 치켜든다.

진행자가 낸 것에 진 사람들은 팔을 내린다.

한 사람이 남을 때까지 계속하고, 맨 나중에 진행자와 승부를 낸다.

(10) 인간 윷놀이

양 팀에서 2명씩 또는 네 팀에서 각각 1명씩 나와 윷이 된다.

하나 두울 셋 하면 각 4명은 벽이 윷판이라고 생각하고, 바로 서거나 뒤돌아선다. 4명이 다 같은 한 팀이 아니기 때문에 짤 수 없다.

도 개 걸 윷 모로 윷놀이하듯이 진행해 나가면 되고, 윷이 될 사람은 각 팀에서 돌아가면서 나와 다같이 참여한다.

(11) 올림픽

1. 각 팀에서 한 명씩 나와 대결할 경우

　• 멀리뛰기 : 소리를 길게, 크게 지르는 사람이 이긴다.

　• 100m 달리기 : 빨리 숫자를 거꾸로 세는 사람이 이긴다.

　• 높이뛰기 : 번갈아가며 도레미~~~ 음을 높여간다.

2. 모든 팀원이 함께 하는 종목의 경우

　• 이어달리기 : 팀원들의 몸에 지닌 소지품을 이용해 길게 이어나간다.

(12) 동전 감추기

각 팀에서 4명이 나온다.

4명이 나란히 서서 손을 뒤로 하고 옆사람과 손에 손을 잡는다.

진행자가 동전을 하나 주면 그 4명은 뒤로 동전을 돌린다.

멈췄을 때 상대편 팀은 그 4명 중 누가 동전을 가지고 있는지 바로 맞추어야 한다.

* **도움말** : 역시 손놀림보다 표정관리가 중요하다.

2. 팀 빙고 게임

참여대상을 팀으로 나누어 팀원들의 협동심과 자긍심, 인지발달을 테스트하는 게임으로, 팀원 한 사람씩 돌아가면서 진행된다.

(1) 총싸움

엄지와 검지로 총을 만든 후 총소리를 연습한다.

진행방식은 진행자가 '빵' 하고 1방을 쏘면 참여자들은 '빠방' 하고 2방을 쏜다. 반대로 진행자가 '빠방' 하고 2방을 쏘면 참여자들은 '빵' 하고 1방을 쏜다.

또 진행자가 '빠바방' 하고 3방을 쏘면 참여자는 '으악' 하고 죽는 시늉을 한다. 전체적인 연습이 끝나면 진행자가 무작위로 사람들에게 다가가 게임을 진행한다.

(2) 주고픈 말

▶**준비물** : 메모지, 볼펜

▶**방 법**

1. 모두 모여 둥글게 앉거나, 사람이 많을 경우 여러 팀으로 나눈다.

2. 메모지 위쪽에 자신의 이름을 적고, 옆으로 3사람 지나게 전달한다.

3. 메모지를 전달받으면 이름을 보고, 그간 느낀 소감이나 첫 인상에 대

해 기록을 하고 옆으로 전달한다.

4. 한 사람에 대해 주고픈 말을 전원이 기록하고 나면 자기 것을 찾는다.

▶**요 령** : 주고픈 말을 쓸 때 위에서부터 차례로 쓰지 말고 여기저기 써서, 누가 어떤 내용의 말을 썼는지 모르게 할 필요가 있다.

* **도움말**: 메모지에 1번, 2번을 기록하여 1번은 첫 인상을, 2번은 끝 인상을 써서 비교를 해도 좋다. 이러한 것들을 통해 공동생활에서의 인간관계 개선이 얼마나 중요한 것인 지를 느낄 수 있다.

(3) 돌림 악수

▶**준비물** : 없음

▶**방 법**

1. 모두 모여 둥글게 선다.

2. 첫 번째 사람이 두 번째 사람과 악수를 한 후 계속해서 세 번째, 네 번째⋯ 사람과 악수를 한다.

3. 두 번째 사람도 첫 번째 사람이 지나간 후 세 번째 사람과 악수를 하고 첫 번째 사람의 뒤를 이어 계속 악수를 한다.

4. 악수를 할 때마다 덕담이나 격려의 말을 간단히 나눈다.

5. 모두가 차례대로 나가면서 끝을 맺는다.

▶**요 령** : 시간을 충분히 확보하고 진행한다.

* **도움말**: 모든 프로그램이 진행된 후 마무리하는 프로그램으로 좋다. 개인적인 덕담이나 격려의 말이 길어지면 전체적으로 지루해진다.

(4) 따라 비벼 발라 세워

▶**준비물** : 헤어크림 병

▶**방 법** : 리더가 헤어크림 병을 들어 따르는 동작을 한다. 즉 왼손바닥의 안쪽이 하늘로 향하게 하고 오른손 엄지는 따르는 동작을 취한다. 그 다음은 양손바닥끼리 비비는 동작을 하고 양손을 머리에 대고 바르는 동작이다. 참가자들은 리더가 말한 대로 그 말과 행동을 따라서 해야 한다.

리더는 '따라, 비벼, 발라'의 순서를 바꿔하면서 동작과 말을 틀리게 유도한다.

▶**요　령** : '따라, 비벼, 발라'에서 사회자는 말로 '비벼' 하면서 바르는 동작을 취한다. 그러면 참가자들은 '비비는' 동작을 해야 하는데, 대부분 '바르는' 동작을 취하고 만다.

* **도움말** : 이 게임은 말과 행동이 틀리도록 유도하는 활동으로 매우 재미있다.

위 세 가지 행동이 숙달되면 '세워' (양손을 머리 위로 세우는 모습)를 넣어 4가지 주문을 해본다. 그러면 더욱 혼동되어 재미있다.

(5) 끝말잇기 필승 공략법

▶**준비물** : 없음

▶**방　법**

1. 원소기호를 활용한다.

　나트륨, 바륨, 칼슘, 칼륨, 베릴륨, 우라늄, 티타늄, 마그네슘 등.

　염화마그네슘, 탄산칼슘, 황화마그네슘, 산화마그네슘 등은 가능하면 하지 않는 것이 좋다. 싸움 난다.

2. 끝이 '력'으로 끝나는 낱말을 사용한다.

　전기력, 장력, 차력, 염력, 기동력, 순발력, 조력, 풍력, 화력, 마력, 법력, 효력, 매력, 사력, 경력, 내력, 담력, 양력, 음력, 중력, 부력, 유력, 항력, 수직항력, 원심력, 구심력, 인내력 등.

3. 이중모음을 활용한다.

　자음은 ㄹ을 적극 사용한다.

　량, 료, 류, 령, 례, 련, 륙, 략 등.

* **도움말** : '류' 가 나올 때 '류머티스' 를 말하는 이가 있는데, 그때는 스트론튬으로 확실히 끝낸다.

4. 특수단어의 사용.

　~름 : 기름, 이름, 고름, 보름, 오름, 다름, 소름, 노름, 주름 등

　~루 : 보루, 종루, 그루, 나루, 머루, 하루 등

* **도움말** : 상대가 '루머' 로 맞받아치면 머큐로크롬, '루비' 했을 때는 비듬으로 끝낸다.

▶**응 용**

– 끝말 이어가기 : 한국–국민–민족–족자–자수–수술

– 3글자의 중간단어 이어가기 : 지중해–중국어–국사봉–사나이–나이테

– 영어 끝단어 이어가기 : GOOD–DOG–GROUND

– 연상단어 이어가기 : 길다–바나나–원숭이–장난꾸러기–개그맨–방송국

(6) 땅 따 당

▶**준비물** : 없음

▶**방 법**

리더가 '땅'하면 참가자들은 '따당'해야 한다. 그리고 '따당'하면 '땅'해야 하는 것이다. 아래와 같이 자주 바꿔서 하면 재미있다.

예) 땅 → 따당

따당 → 땅

땅, 땅 → 따당, 따당

따당, 따당 → 땅, 땅

땅, 따당 → 따당, 땅

따당, 땅,땅 → 땅, 따당, 따당

분위기에 익숙해지면 **빠른** 속도로 총을 쏘고 참가자들이 대답을 하도록 한다.
총은 오른손 주먹을 가볍게 쥐고 집게손가락을 펴서 하면 '주먹총'이 된다.
'땅' 외에도 짠–짜짠, 번–데기, 쿵–짝짝, 칙칙–폭폭 등이 있다.

3. 팀 파워 게임

(1) 첫 글자 이어가기 게임

▶**방 법**

팀간의 결속력을 강하게 하고, 화합하게 하는 게임이다.

동물도 물에 사는 거, 뭍에 사는 거, 파충류 등 종류와 함께 그 범위를 어느 정도 정해야 혼돈이 안 일어나니까 염두에 두어야 하며, 진행자가 위트 있는 목록을 준비하는 것도 게임을 재미있게 하는 요소가 된다.

ㄱ : 강아지, 고슴도치, 기린, 고양이, 고래, 공룡, 개구리, 갈매기, 고릴라, 고질라, 구미호

ㄴ : 노루, 낙타, 너구리, 늑대, 날다람쥐

ㄷ : 도요새, 도롱뇽, 돌고래, 다람쥐, 닭, 두더지, 도마뱀, 둘리

ㄹ : 라이온, 로드러너, 레옹(사람도 동물이죠?)

ㅁ : 망아지, 말, 미꾸라지, 맘모스

ㅂ : 붕어, 박쥐, 비둘기, 백조, 봉황, 불가사리, 바퀴벌레

ㅅ : 상어, 사슴, 산토끼, 소, 송아지, 수달, 살쾡이, 사람

ㅇ : 올챙이, 잉어, 양, 악어, 원숭이, 오리, 여우, 얼룩말, 용가리

ㅈ : 자라, 쥐, 집토끼, 조랑말

ㅊ : 청개구리, 참치, 치타, 참새

ㅋ : 코끼리, 코알라, 캥거루, 킹콩, 카멜레온, 코요테

ㅌ : 토끼, 타이거

ㅍ : 피라미, 퓨마, 표범

ㅎ : 황소개구리, 하마, 홍학, 황새, 하이에나, 해마, 햄스터

(2) 말도 안되는 말

▶**준비물** : 볼펜 10자루, 메모지 20장

▶**방 법**

1. 전체 참가자들을 5팀으로 나누어 각 팀에게 볼펜과 종이를 배분해 준다. 그리하여 1조는 '언제', 2조는 '어디서', 3조는 '누가', 4조는 '무엇을', 5조는 '어떻게' 했다, 6조는 '왜'를 각각 아무 말이라도 생각나는 대로 써넣으라고 한다.

2. 다 쓰고 나면 리더는 이것을 모아 1조부터 5조까지 순서대로 만들어진 말을 읽어준다. 그런데 생각지도 않은 말들이 나오기도 하고 때로는 그

럴듯한 말도 나오는데 이때 폭소가 터지고 만다.

3. '누가' 부분에서 실제로 참석한 사람이 있으면 그 사람을 앞으로 나오게 하여 1조부터 6조까지 작성된 문장(말도 안되지만)을 왜 그렇게 했는지 설명하도록 한다.

4. 이 게임은 제차 4~5회 정도하여 참가자들이 골고루 참여하도록 유도한다.

(3) 텔레파시

▶**준비물** : 메모지 4~5장, 볼펜 4~5자루, 점수판

▶**방 법**

1. 조를 나누어 먼저 조장을 선출한다. 그리고 각 조장에게 종이와 볼펜을 나누어 주고 종이를 8등분하여 접으라고 한다. 이때 각 조원들은 둥그렇게 무릎을 맞대고 앉게 한다.

2. 리더는 각 조원들에게 16절지 왼쪽 첫째 칸에 서로 협의하여 생선이름 3가지를 기록하도록 한다. 이때 각 조원들이 주의할 점은 진행하는 리더나 다른 조원들에게 들리지 않도록 떠들지 말고 기록해야 한다.

3. 왼쪽 첫째 칸에 생선이름 3가지를 다 기록하였으면 둘째 칸에는 산이름 3가지, 셋째 칸에는 독립운동가 중에 가장 존경하는 사람 3인, 넷째 칸에는 우리나라 여자 이름 중 가장 흔한 이름이나 시골스러운 이름 3가지, 가정집에 사는 해충, 벌레 3종류 등을 기록하도록 한다.

4. 기록이 다 끝났으면 다시 한번 확인한 다음 리더는 각 조원들에게 자기 조가 기록한 32개의 이름을 1분 안에 암기하도록 한다. 암기가 끝났으면 리더는 각 조장을 통하여 기록한 용지를 다 회수한다.

5. 그리고 리더는 이렇게 말한다. 지금부터 이 용지를 보지 않고 순서대로 이름 1가지 리더 맘대로 부르는데 이때 자기 조원들이 기록한 이름과 같을 경우 양팔을 들고 일어서며 최대한 소리를 지르도록 한다. 이때 소리는 "오! 예"로 한다. 소리를 잘 지르는 팀은 보너스 점수를 주도록 하며 이와 반대로 소리가 작을 때는 점수를 깎도록 한다.

▶**요 령**

1. 리더는 각 제목의 이름을 4~5개 정도만 불러주고 특이한 이름(예: 꽃-
   며느리밥풀꽃, 벌레-바퀴벌레, 돈벌레, 시골스러운 여자이름-영순, 순자
   등)을 불러줄 때는 점수를 많이 걸어놓고 한다.

2. 점수는 보통 100점, 특별점수 300점, 500점을 걸어 놓고 하는데 이렇게
   되면 역전기회가 주어지게 되어 게임 진행이 더욱 흥미진진하게 된다.

(4) 자기 짝 맞히기

▶ **준비물** : 책상, 커튼 또는 모포

▶ **방 법** : 손만을 보고 자기의 짝을 맞추는 게임이다. 책상 위에 커튼 또
   는 모포로 막을 만들고, 그 밑으로 손만 보이도록 한다.

   1. 남녀가 쌍을 만들고 4~5조씩의 그룹을 만든다.

   2. 여성만이 막 뒤에 선 후, 위치를 바꾸고 나서 손을 내민다.

   3. 남성은 손을 본다든지 악수하거나 하면서 자기의 파트너를 찾는다.
      자기의 파트너를 알았다면 손을 잡는다. 전원이 손을 잡았으면 막을
      벗기고, 맞힌 쌍이 이기게 된다.

   4. 여성은 미리 시계, 반지 따위를 벗어 놓는다. 쌍을 이루고 있는 두 사
      람이 같은 마이크를 달고 있으면 보고 있는 사람도 알기 쉽다.

▶**요 령** : 손 대신 코나 귀, 구두 따위로 해도 좋다. 빛을 비추어 그림자를
   보고 맞히도록 해도 좋다.

(5) 무엇이 무엇이 똑같을까

여러 팀이 함께 하는 팀대항 게임.

"무엇이 무엇이 똑같을까 (젓가락) 두 짝이 똑같아요"를 부르면서

팀이 돌아가면서 똑같은 짝을 가진 것을 댄다.

 예) 귀걸이, 안경알, 엉덩이 등등

(6) 악센트 넣기

팀워크를 체크할 수 있는 게임으로 호응이 좋다.

팀 이름이 정해졌으면 그 팀이름 앞에 간단한 수식어를 붙이도록 한다.

예를 들어, 잘나가는 마징가의 경우 앞에서부터 한 글자씩 차례로 악센트를 넣으면서 반복한다.

    잘나가는 마징가   잘**나**가는 마징가   잘나**가**는 마징가 잘나가**는** 마징가
    잘나가는 **마**징가   잘나가는 마**징**가   잘나가는 마징**가**

(7) 국수 만들기

간단하고 의외로 호응이 좋은 게임이다.

▶ **준비물** : 신문, 풀

▶ **방 법** : 팀 게임으로 제한된 시간 안에 신문을 길게 찢어 풀로 이어서 길게 잇는 팀이 이긴다.

(8) 노래 맞추기

팀의 대표를 한 명 뽑는다.

그 대표에게 노래제목을 알려주면, 자기 팀에게 단어 하나로 그 노래를 불러준다.

예를 들어, 산토끼 노래를 '콩'으로 부른다.

(콩~~콩콩 콩콩콩 콩~콩콩 콩콩콩…)

팀은 그 노래의 제목을 맞춰야 한다.

제한시간 내에 많은 노래를 맞추는 팀이 이긴다.

(9) 글자 찾기

▶준비물 : 신문, 풀, 도화지

▶방 법

팀별로 준비물을 주고 진행자가 문장 하나를 말한다.

그런 다음 팀원들은 제한시간 동안 힘을 합해 신문에서 그 글자들을 찾아 도화지에 주어진 문장을 만든다.

제대로 글자가 많이 만들어진 쪽에 '승'을 주는데, 서로 엇비슷할 때는 글자가 크고 컬러풀한 쪽에 '승'을 준다.

(10) 벽과 벽 사이

팀에서 5명 정도 나와 일렬로 선다.

진행자가 맨 앞사람에게 문장 또는 단어 또는 속담 등을 말해주면 그 사람이 뒷사람에게 몸짓으로 그것을 설명한다. 설명받은 사람이 그 뒷사람에게 계속해나간다.

마지막에 설명 받은 사람이 맞추면 점수가 높다.

못 맞추었을 경우는 그 전 사람에게 기회가 돌아가나 점수가 낮아진다.

(11) 번호밟기

▶**준비물** : 0~9 숫자가 적힌 종이

▶**방 법**

 1. 연습장 크기의 종이에 0에서 9까지 숫자가 적힌 종이를 두 장씩 20장을 준비한다.
 2. 바닥에 흩어놓는다.
 3. 각 팀에서 한 명씩 나온다.
 4. 참여자는 진행자가 부르는 숫자를 밟아나가야 한다.
 5. 가까이 있는 번호는 상대방에게 뺏기고, 다른 하나는 멀어서 밟지 못하면 지는 것이다.

(12) 밀어내기(힘겨루기)

두 사람이 마주보고 서서 두 손바닥으로 강약을 주면서 서로를 민다.

밀리는 쪽이 진다.

(13) 스피드 퀴즈

진행자는 많은 단어들을 카드로 만들어 가야 한다.

팀원 중 한 명이 나와 그 카드의 내용을 자기편에게 설명한다.

제한시간 내에 많은 문제를 맞추는 팀이 이긴다.

(14) 주제 이름 대기, 주제 노래 부르기

진행자가 하나의 주제를 정하면 진행자가 가리키는 팀은 그 주제에 맞는 이름을 재빨리 대야 한다.

예) 산이름 대기, 해수욕장 이름대 기 등

다른 팀과 중복되거나 이름을 말하지 못하면 지는 것이다.

주제 노래 부르기도 똑같은 방식으로 진행자가 정하는 주제에 맞는 노래를 부른다.

예) '사랑'이 들어가는 노래, 여름에 관련된 노래 등

(15) 징검다리

두 사람이 짝이 되서 하는 릴레이 게임이다.

▶**준비물** : 연습장 크기의 종이

▶**방 법**

  1. 각 팀에서 3커플씩 나온다.

  2. 팀마다 연습장을 두 장씩 나누어준다.

  3. 게임이 시작되면 커플 중 한 사람은 그 두 장의 종이로 징검다리를 만들고, 또 한 사람은 그 징검다리를 밟으면서 반환점을 돌아온다.

  4. 릴레이로 이어간다.

(16) 순발력 게임

▶**준비물** : 신문지로 말아 만든 몽둥이

▶**방 법**

1. 두 팀으로 나누어 팀원들에게 각자 번호를 매겨준다.
2. 그 팀 가운데에 몽둥이를 두고, 노래를 부르다가 중간에 진행자가 부르는 번호를 가진 양 팀의 사람은 재빨리 나와 먼저 몽둥이를 잡는 쪽이 뒤늦은 쪽을 때린다.

(17) 전 보

각 팀에서 5~7명 정도 나와 일렬로 선다.

진행자가 맨 앞사람에게 어떤 문장을 알려주면 뒷사람에게 귓속말로 그 문장을 전달해나간다.

마지막 사람이 그 문장을 가장 제대로 말하는 팀이 이긴다.

(18) 도전 30곡

TV에 가끔 등장하는 게임.

진행자는 미리 노래제목이 써 있는 전지를 준비해야 한다.

노래제목 위에는 숫자가 보이지 않게 겉종이를 붙여 숫자를 매긴다.

각 팀에서 한 명씩 나와 번호를 선택하고 거기에 써 있는 노래를 제대로 불러야 점수를 얻을 수 있다.

(19) 장기알 쌓기

▶**준비물** : 장기알
▶**방 법** : 둥그렇게 앉은 양 팀의 사람들이 번갈아 차례로 나와 가운데에 장기알을 한 사람에 하나씩 쌓아나간다.

* **도움말** : 단순하지만 긴장감이 있기 때문에 의외로 재미있는 게임이다.

(20) 카드놀이

▶**준비물** : 도화지, 펜

▶**방 법**

1. 팀별로 준비물을 나누어준 다음 도화지를 14등분해서 ㄱ~ㅎ칸으로 만들게 한다.

2. 제한시간 내에 각 칸마다 그 자음으로 시작하는 동물이름을 가능한 많이씩 쓰게 한다.

3. 진행자가 각 자음별로 동물이름을 몇 개씩 불러나가는데 진행자가 부르는 동물이름을 쓴 팀은 크게 자기 팀이름을 외치고, 진행자는 확인한 후 점수를 준다.

(21) 이웃을 사랑하십니까?

의자에 둥그렇게 앉아서 하는 게임.

앉아 있는 한 사람에게 가서 "이웃을 사랑하십니까?" 하고 묻는다. 만약 그 사람이 "네" 하고 대답하면, 대답한 양쪽에 있던 사람 둘이 자리를 바꾼다.

그런데, 만약 그 사람이 "아니오" 하고 대답하면,

술래는 "그럼, 어떤 이웃을 사랑하십니까?" 하고 다시 묻는다.

그럼, 그 사람은 "~~~한 이웃을 사랑합니다." 하고 어떤 특정적인 단서를 붙인다.

(예를 들어, '안경 쓴' 이웃을 사랑합니다.)

그럼, 그 특징을 가진 사람들은 모두 일어나 자기 자리가 아닌 자리로 바꿔 앉아야 한다. 사람들이 자리를 바꾸는 사이에 술래는 얼른 난 자리에 가서 앉고, 혼자 자리에 앉지 못하고 서게 된 사람이 다음 술래가 된다.

(22) 자리 메우기

참여자들은 의자에 둥그렇게 앉고 그 중 한 의자는 비워둔다.

노래를 부르면서 비어 있는 의자 양옆에 앉은 두 사람은 손을 잡고 다른 곳으로 가서 한 사람을 데려다 그 의자에 앉힌다.

또 한 의자가 비면 아까와 똑같은 방식으로 진행해 나간다.

노래를 점점 **빠르게** 부르면 진행도 **빨라진다.** 나중에 결국 비게 된 의자 양 옆에 앉은 사람들이 벌칙을 받게 된다.

* 도움말 : 남자끼리 또는 여자끼리 몰려 앉아 있다거나, 분위기 전환이 필요할 때 좋은 게임이다.

(23) 하나, 둘, 셋

두 팀으로 나눈다. 한 팀은 손가락을 하나만 펴서 몇 개인지 물어본다. 두 개 세 개 펴서 펼 때마다 몇 개인지 물어본다. 다른 팀도 똑같이 반복한다. 빨리빨리 손가락을 펴면서 맞추게 한다.

두 번째는 한 팀은 빨리하며 차례대로 손가락을 한 개 두 개 세 개를 펴고 두 번째 팀은 한 개 두 개 다섯 개를 편다. 그러면 두 번째 팀은 3번째에 손가락 다섯 개를 폈는데 세 개를 외치게 된다. 첫 번째 팀은 계속해서 하나 둘 셋만 손가락을 펴고, 두 번째 팀은 불규칙한 숫자의 손가락 펴기를 계속해서 하게 하여 못 따라하게 한다.

(24) 짝짓기

많은 사람이 함께 하는 게임.

진행자가 "열 사람" 하면 열 사람이 모여야 하고 나머지들은 떨어진다.

사람이 줄어들수록 단서를 붙여나간다.

"남자 2사람에 여자 1사람!" 이런 식으로.

* 도움말 : 참여인 구성이나 분위기를 봐서 진행해 나간다.

(25) 의자빼기

말 그대로 의자를 줄여나가는 게임.

만약 참여자가 열 사람이라면, 의자는 9개만 두고 노래를 부르면서 의자 주위를 돌다가 진행자가 "Stop" 하면 잽싸게 의자에 앉는다.

의자가 사람수보다 적으니 못 앉은 사람은 떨어지게 된다.

이런 방식으로 의자수를 줄여나간다.

(26) 긴 숨

▶**준비물** : 종이, 가위, 줄

▶**방 법**

1. 짝 배수의 팀으로 팀을 구성한다.
2. 종이를 가늘고 길게 잘라서 그림과 같이 줄에 매단다.
3. 각 팀에서 1번부터 시작하여 번호 순서대로 1명씩 나와 종이 앞에 선다.
4. 시작신호와 함께 선수들은 종이를 불어서 반대쪽으로 날리게 한다.
5. 숨이 다하여 종이가 내려오면 게임 끝.
6. 경기 도중에 다시 숨을 들이 마시는 사람은 실격패!

* 도움말 : 종이는 되도록 가벼운 것을 선택하고, 2사람이 종이를 사이에 두고 마주본 다음 서로 상대방 쪽으로 종이를 날리는 게임도 재미있다.

(27) 김밥말기

팀에서 약 10명씩 참여한다.

각 팀별로 일렬로 선다.

'시작' 신호와 함께 한쪽부터 김밥말듯이 쭈~욱 말아나간다.

빨리 말았다가 빨리 푸는 팀이 이긴다.

(28) 몸글씨 만들기

▶**준비물** : 없음

▶**방 법** : 각 팀별로 리더가 요구하는 글씨나 모양을 팀 전원이 몸을 움직여 만들어 낸다. 한 사람도 빠지지 않고 빠른 시간 내에 정확하고 균형 있게 만드는 팀이 이긴다.

글자 : 사랑, 통, 하나, 뻥…
숫자 : 8, 9, 4, 5…
모양 : 동그라미, 田, 天, 세모…
상황 : 키순서 대로 1줄로 줄서기, 몸무게대로 1줄, 머리카락 길이대로

1줄, 신발 크기대로 1줄…

(29) 상대방 얼굴 그려주기

▶**준비물** : 도화지, 펜

▶**진 행** : 한 사람이 도화지를 얼굴에 대고 있으면
다른 한 사람은 눈을 가리고, 그 도화지에 손으로 더듬어 가면서
그 사람의 얼굴을 그린다.
가장 잘 그린 팀이 "승".

4. 기타 실내 게임

(1) 미스 · 미스터 엉덩이

▶**준비물** : 동전 2개

▶**방 법**

1. 각 팀 1명씩 앞으로 나오게 하여 1대 1로 서로의 발꿈치를 바짝 붙여
   등지어 서 있게 한다. 그리고 양 선수의 발 앞에 동전 1개씩 놓아 리더
   의 구령소리와 함께 잽싸게 엎드려 집도록 한다.
2. 먼저 집는 사람이 승리하게 되지만 서로가 동작을 취하다 보면 동전은
   잡히지 않고 엉덩이끼리 부딪쳐 앞으로 밀리게 되는데 보는 사람들이
   더 즐거워한다.
3. 동성은 물론 이성끼리 시합을 해보는 것도 재미있다.

(2) 레크 태권도

올림픽에 정식 종목으로 채택된 우리의 국기 태권도를 레크화시켰다. 이 게
임은 조금만 진행을 잘하면 다른 게임보다 폭소가 훨씬 많고 즐겁다.

▶**준비물** : 없음

▶방 법

1. 준비 단계 : 진행자가 '준비'라고 외치면 대상은 두 주먹을 쥐고 배꼽
   주위에 대고 기합을 넣는다(태권도의 준비 자세와 동일하지만 일어서서
   할 필요까지는 없고 앉아서 해도 된다). 처음 도입할 때 올림픽 정식
   종목으로 채택된 기념으로 만든 게임이라고 어쩌고저쩌고 간단히 멘트
   를 한다. 준비라는 구령과 함께 동작은 물론 기합을 넣으라고 말해준
   다음 '시행'한다. 이때 소리가 작으면 크게 하도록 유도한다. 2~3번 실
   시해 보고 소리가 짧고 굵게 그리고 크게 나오면 다음 단계로 넘어간
   다.

2. 1단계 : 준비자세의 상태에서 '시작'이라는 진행자의 구령에 따라 오른
   손을 주먹을 쥐고 쭉 뻗는다. 단, 기합소리는 없다. 그 다음 뻗었던 팔
   을 끌어당기면서 기합을 넣는다.

   이번에 양손을 뻗었다가 끌어당기며 기합, 다음 왼손을 같은 방법으로
   한다. 그 다음엔 양손을 같은 방법으로 한다.

   1단계를 정리하면 '준비'– 주먹 쥐고 준비자세, '시작'–오른손, 양손,
   왼손, 양손 (기합은 끌어당기면서 한다. 기합이 트릭이다. 주먹을 뻗으
   며 기합이 습관화되어 있다. 또 하나의 트릭은 습관대로 하면 오른손
   다음 왼손이 나가게 되어 있다.)

   2번 정도 연습 후 2단계로 넘어간다.

3. 2단계 : 1단계와 모든 것이 동일하나 손의 방향이 앞으로 가는 게 아니
   라 위로 간다. 원래 3단계도 있으나 사용하지 않는 게 더 낫다. 참고로
   3단계는 옆으로 뻗는 것이다.

   이젠 1단계, 2단계를 이어서 진행해 보자.

* **도움말** : 팀을 나눠서 하되 팀장을 뽑아 진행하게 한다. 팀장이 준비, 시작이라는 구령을
  하게 되면 팀원은 1단계, 2단계를 이어서 하게 된다. 그리고 팀장도 같이 하게 한다. 1단
  계 설명이 끝나면 진행자가 연속동작으로 시범을 보인다. 마찬가지고 2단계 설명이 끝나
  면 진행자가 시범, 1, 2단계를 연속 이어서 하는 것도 보여준다.

(3) 보물 구하기

팀 대표를 한 사람씩 나오게 한 다음 '고기잡이' 노래를 부른다. 이때 노래가 끝나면 리더가 지시하는 물건을 어느 팀이 먼저 구해 오는지를 겨루는 게임이다.

(4) 야 호

호흡이 가장 긴 대표를 팀별로 뽑아 "야호~"라고 길게 숨이 찰 때까지 소리를 내는데 누가 길게 내는가 하는 게임이다.

(5) 수염 떼기

갱지나 종이를 길게 찢어 물에 적셔둔다. 팀 대표의 얼굴에 같은 개수의 젖은 종이를 붙여준 다음, 리더의 시작 신호와 함께 손을 대지 않고 누가 먼저 얼굴에서 종이를 모두 떼어 내는지를 보는 게임이다.

(6) 풍선아 터져라

팀의 대표를 뽑아 주어진 신호와 함께 풍선을 터질 때까지 불어 먼저 터트리는 팀이 이긴다.

(7) 벌칙게임

▶**준비물** : 없음

▶**방 법**

1. **동물 울음소리 내기** : 리더가 동물의 이름을 불러주면 소리내기 (돼지-꿀꿀, 강아지-멍멍----- 쉴틈 없이 불러준다.)
2. **1분 연설** : 선생님이나 친구 또는 사회자를 칭찬하거나 자랑하기
3. **턱으로 이름쓰기** : 턱이나 눈동자로 이름이나 주어진 문구 쓰기
4. **동요웅변** : 주어진 동요의 가사를 가지고 웅변하기 (학교종이, 송아지, 짝자꿍-----)

5. **동물 흉내내기** : 울음소리 내기와 비슷하게 진행하되 몸짓으로 흉내를 낸다.

(8) 관심 갖기

▶**준비물** : 없음

▶**방 법**

1. 전체가 같이 어우러져 포크 댄스나 에어로빅 댄스를 춘다.

2. 끝난 후 모두 모여 둥글게 선다.

3. 리더는 술래를 지정하여 다음과 같은 질문을 던져 맞추게 한다.

   가장 키 큰 사람, 키 작은 사람, 머리카락 긴 사람, 코 큰 사람, 신발이 큰 사 람, 뚱뚱한 사람, 마른 사람…

▶**요 령** : 리더는 음악과 함께 동작을 습득해야 한다. 그렇지 못하면 디스코 음악을 준비한다.

* **도움말**: 서로가 잘 모르는 집단에서 활용하면 좋다. 질문으로 인해 감정이 상하지 않도록 조심한다. 못생긴 사람, 머리 나쁜 사람, 더러운 사람… 그러나 이러한 것도 잘만 활용하면 더욱 흥미롭다.

(9) 머릿속의 시계(1)

▶**준비물** : 없음

▶**방 법**　전원이 동시에 참여할 수 있는 전체 게임이다.

1. 리더는 참여한 모든 사람에게 눈을 감게 한다.

2. 30초 또는 1분을 정하고 대상들로 하여금 머릿속으로 짐작하여 정한 시간이 되었다고 판단되는 사람은 손을 들거나 자리에서 일어나게 한다. 가장 정확히 맞춘 사람이 챔피언이다.

▶**요 령** : 시계를 보거나 자신의 맥박을 짚어 보게 하면 안 된다.

* **도움말** : 이 게임의 실시 회수는 2회까지가 적당하다. 그 이상이 되면 지루하다.

(10) 머릿속의 시계(2)

▶**준비물** : 없음

▶**방 법**

1. '머릿속의 시계(1)'을 팀 대항으로 진행한다.
2. 팀 대항으로 할 경우 팀원 전체가 팀장을 중심으로 손을 잡은 후 눈을 감고 팀장의 손 신호를 기다린다.
3. 팀장의 손 신호가 오면 팀원은 자신의 생각과는 관계없이 일어난다.
4. 팀원들 중에서 마지막으로 일어나는 사람이 기준 시간이다.

(11) 신문지 빙고

▶**준비물** : 신문지

▶**방 법**

1. 참가자 전원에게 신문지 1장씩을 나누어준다.
2. 리더가 부르는 문장을 신문지 속에서 먼저 찾아내는 사람이 당첨!

   "오늘은 제1회 한마음 단합 대회"

   "이상은 높게! 마음은 넓게! 사랑은 깊게!"

* **도움말** : 신문지가 아니어도 된다. 각종 유인물이나 간행물 등을 이용해도 좋다.

(12) 청각(聽覺) 테스트

▶**준비물** : 메모지, 볼펜

▶**방 법**

1. 리더는 참가자 전원을 뒤로 돌아 앉히고 여러 가지 물건들을 이용해 소리를 낸다.

   망치 소리, 종이 찢는 소리, 성냥불 켜는 소리…
2. 참가자들은 리더가 내는 소리들을 주의 깊게 듣고 순서대로 메모지에 적는다.
3. 가장 정확히 순서대로 적어 내는 사람이 챔피언!

(13) 미각(味覺) 테스트

▶**준비물** : 먹거리, 눈가리개

▶**방　법** : '청각 테스트' 방법으로, 여러 가지 먹거리를 눈을 가리고 맛을 보게 하여 맞추게 한다.

* **도움말**: 여러 가지 액체 먹거리(음료수, 잼, 조미료 등)를 섞어서 맛을 보게 한 후 어떤 것들이 혼합되었는지를 맞추게 해도 재미있다.

(14) 후각(嗅覺) 테스트

▶**준비물** : 먹거리, 눈가리개

▶**방　법** : '미각 테스트' 방법으로 진행하되, 입으로 맛을 보는 대신 코로 냄새를 맡아 먹거리의 이름을 맞춘다.

* **도움말** : 눈가리개를 하지 않고, 먹거리를 그릇에 보이지 않게 담아 냄새를 맡게 해도 좋다.

(15) 지나간 물건은

▶**준비물** : 잡동사니, 메모지, 볼펜, 보자기

▶**방　법**

  1. 리더는 여러 가지 물건들을 한 지점에서 다른 한 지점으로 던진다.
  2. 참가자들은 지나간 물건의 이름을 맞춘다.

▶**요　령** : 물건이 빠르게 지나가도록 힘껏 던지고, 던져진 물건은 보이지 않도록 해야 한다.

물론 던지기 위해 손으로 잡을 때도 보여서는 안 된다.

* **도움말** : 정답을 메모지에 순서대로 적어 점수를 갖고 우열을 가려도 좋다. 잡동사니를 한곳에 모으고, 이것들을 5초 정도 보여준 후 보자기로 덮은 다음 물건의 이름을 기억나는 대로 메모지에 적는 게임도 재미있다.

(16) 평소에 감정 있었니?

남자는 풍선을 들고 달려가 전방 10m 앞에 놓여 있는 탁자 위에 엎드리고 풍선은 엉덩이 위에 올려놓는다. 이어서 여자도 달려가 큰 주걱이나 가벼운 몽둥이로 그 풍선을 빨리 터뜨리고 둘이 손잡고 돌아오는 게임이다.

(17) 사랑의 징검다리

5쌍 정도가 출발선상에 나와 남자는 징검다리를 놓아주고 여자는 징검다리를 밟고 목표물까지 빨리 가면 이긴다. 여기서 징검다리는 A4용지나 판지나 아무거나 재미있는 걸로 사용하면 된다. 여자와 남자가 바꿔서 해도 된다.

(18) 욕심쟁이

욕심쟁이를 가려내는 게임으로 각 커플에게 비스킷을 낱개로 나누어 주고 서로의 오른손 엄지와 검지로 살짝 집으라고 말한다. 그리고 각 커플들에게 사이좋게 반씩 나눠 먹으라고 말한다.

실제로 비스킷을 많이 먹으려고 힘을 세게 쥐고 꺾으면 조금밖에 안 쥐어진다. 이때 진행자는 각 커플 중에서 비스킷이 작게 부러진 사람만 손을 높게 들라고 하여 '나는 욕심쟁이'라고 외치게 한다.

(19) 온몸으로 사랑

남녀 한 커플이 서로 가까이 마주보고 붙어 서 있는다. 이때 진행자는 남녀의 이마 사이에 조그만 과일을 하나 끼워준다. 이들은 끼워준 과일을 땅에 떨어지지 않게 이마, 코, 가슴, 허리, 무릎, 다리까지 옮기면 된다.

여러 커플을 시켜 가장 빨리 하는 커플이 이기게 된다.

(20) 새우깡

여러 진행방식이 있지만 토너먼트로 진행해 나가는 게 가장 낫다.

처음에 무작위로 두 사람을 뽑아내 마주보고 서로를 가리키면서 '새우깡'을 번갈아 외치게 한다. 큰소리로 진행해 나가는 게 중요하다.

새우깡 말고는 안되냐구요? 감자깡, 치토스, 로보캅 등 뭐든 좋다. 단, 세 글자짜리로!

(21) 부부싸움

두 사람을 마주 세운 후 진행자가 환경설정을 해준다.

(예를 들어 "여기는 부엌입니다.")

그런 다음 참여자는 번갈아가면 부부싸움을 하면서 그 장소에서 던질 것을 하나씩 스피드하게 이름을 대나간다.

머뭇거리는 사람이 싸움에 지는 것이다.

(22) 청기백기

▶**준비물** : 나무젓가락에 붙여 만든 청기와 백기

▶**방　법** : 두 사람이 가가 양손에 청기와 백기를 들고 진행자가　말하는 대로 깃발을 움직이는 게임이다.

"청기 올려, 백기 올리지 말고 청기 내려…"

진행자가 그때그때 생각나는 대로 말하는 건 쉽지 않은 일이다.

어설픈 진행으로 틀리는 사람이 없으면 정말 재미없다.

따라서 글로 적어가서 주~욱 읽어나가는 게 훨씬 효과적이다.

(23) 판도라의 상자

진행자는 상자 안에 물체이름 등을 적은 종이들을 준비한다.

임의로 한 사람을 뽑은 다음, 상자 안의 카드를 뽑게 한다.

뽑은 사람은 그 카드를 볼 수 없고, 관중들이 볼 수 있게 진행보조자가 참 여자 뒤에 가서 그 카드를 들고 서 있는다.

진행자는 참여자에게 "이것을 어떻게 생각하느냐?"

"이것으로 무엇을 누구에게 주고 싶으냐?" 등 카드에 맞게 재미있는 대답을 유도할 수 있는 질문들을 한다.

참여자는 상상으로 대답하게 된다.

제11장

노래와 율동 게임

1. 준비사항

1) 노 래

"음악은 즐거움의 원천이며 마음과 마음의 장벽을 무너뜨리는 힘을 갖고 있다."

노래는 분위기 조성, 긴장해소에 좋고 참가자들로 하여금 참여의식을 높여 준다. 레크리에이션 진행에 있어서 노래는 거의 예외 없이 시작과 끝을 담당하는데 이것은 예술성을 추구하는 순수음악의 입장과는 달리 그 자체를 즐기는 것이 목적이다.

(1) 곡을 선택할 때

① 지도자가 좋아하는 노래보다는 대상의 수준과 기호에 맞는 노래를 선택한다.

② 전체의 주제와 분위기에 맞는 노래를 선택하고 이를 완전히 익힌다.

③ 모두가 좋아하는 노래를 선택하여 다같이 부를 수 있도록 한다.

④ 특수한 모임의 성격이 아니면 여러 종류의 노래를 골고루 선택한다.

⑤ 프로그램이 목적하는 어떤 목표나 성과를 꾀할 수 있는 곡을 선택한다.

⑥ 성인은 안단테, 청소년은 알레그로, 빠른 듯하면서 리듬이 강한 곡이 좋다.

⑦ 노래가 미치는 영향(암시 효과)을 생각하여 희망적이고 밝은 노래, 건전하고 적극적인 노래를 선택한다.

(2) 노래를 지도할 때

① 가르친다는 인상보다는 함께 노래 부르면서 노래를 리드하는 입장을 취한다.

② 참가자들의 음역을 잘 선정하여 무리가 없는 소리로 첫 음정을 잡아 준다.

③ 악보(인쇄물)에 이상이 없나 확인하고, 참가자들의 실력 향상을 꾀한다.

④ 선곡한 노래와 관련된 다양한 지식과 화제를 미리 준비하여 분위기를 이루어 나가는 방법으로 활용한다– 노래를 잘 해석해 둘 것.

⑤ 먼저 리더가 노래를 부르거나, 음반이나 테이프를 감상하게 하여 사전에 노래의 분위기를 조성한다.

⑥ 노래를 하면서 손뼉을 치게 하거나, 동작을 붙이거나, 게임으로 연결하여 노래로부터 동적인 면을 연출한다.

⑦ 간혹 파트를 나누어 노래하게 함으로써 음악적 조화를 강조한다.

⑧ 박자에 맞는 시작 구령을 붙인다.
  (예: 4/4박자: 하나 둘 시~작, 3/4박자: 하나 시~작, 2/4박자: 시~작)

⑨ 박자를 지휘하는 법도 정확히 익혀둔다.

⑩ 노래를 따라 부르게 할 때 노래 소리가 작으면 다시 시작하고, 언제나 프로그램 참가자들에게 적극적인 참여를 유도한다.

2) 율 동

정해진 박자나 노랫말의 상징적인 동작을 재미있게 표현하여 율동과 함께 노래를 부르면 즐거움이 배가되고, 동작을 배움으로 분위기는 더욱 고조된다. 노래와 율동이 함께 어우러지면 가사의 뜻을 정확히 이해하게 되고, 빠르고

율동은 각자가 자유롭게 표현할 수 있다.

바르게 노래를 익힐 수 있고, 입과 함께 신체를 사용하므로 정신을 집중시키고, 적극적인 자세를 취하게 된다.

(1) 율동을 만들 때

① 노래 선정을 잘해야 된다.
② 동작은 간단하면서 쉬운 것으로 하고, 난해한 동작은 피한다.
③ 직접적인 표현보다는 상징적인 표현을 한다.
④ 혐오감을 주거나 감정적으로 거부감을 주는 동작은 피한다.
⑤ 모든 율동에는 정해진 동작이 없으므로 지도자의 개성에 따라 얼마든지 쉽고 재미있게 변형시킬 수 있다.

(2) 율동을 지도할 때

① 지도자의 동작은 신체가 허락하는 최대의 동작을 해야 한다.
② 한 소절씩 끊어서 지도한다.
③ 좌우 방향을 잘 설정해야 한다- 강의형일 경우는 대상과 반대 동작, 원

노래의 즐거움을 더해주는 율동

형일 경우는 대상과 같은 동작을 한다.

④ 대상과 함께 동작을 한다.

⑤ 가사를 불러주면서 지도한다.

⑥ 1/100초(아주 조금) 앞선 동작을 한다.

⑦ '콜(call)'을 하거나 상징적인 멘트(ment)를 넣어 준다.

2. 율동의 유형

(1) 박자 율동

박자 율동은 노래를 부르면서 같이 즐길 수 있는 게임이다. 원형으로 앉거나 강의형으로 앉거나 하는 것은 리더가 분위기를 파악해서 적절히 운영한다.

2박자

1. 왼손을 왼쪽 무릎에 놓되 손바닥이 하늘을 향하게 한다.

2. 오른손으로 왼손을 덮으면 이것이 하나!

3. 오른손으로 오른쪽에 있는 사람의 왼손을 치면 둘!

4. 하나! 둘! 하나! 둘! 하면서 노래를 부른다.

5. 중간에 리더는 "손 바꿔서!"라는 구령을 넣어 왼손이 왔다갔다 하면서 손
   뼉을 치게 하면 변화도 있고 더 재미있다.

6. "손 바꿔서!"라는 구령은 1박자에 "손 바꿔" 2박자에 "서!"를 붙인다.

3박자

하나에 양손 무릎치고, 둘에 손뼉, 셋에도 손뼉을 친다.

2번째로, 셋에 만세를 부른다.

3번째로, 셋에 양팔을 벌려 좌우에 있는 사람과 서로 손을 마주친다.

4번째로, 셋에 왼손은 왼쪽 사람이 칠 수 있게 내밀어 주고 오른손은 오른
쪽 사람이 받혀 주는 손바닥을 친다.

4박자

무릎 두 번, 손뼉 두 번을 반복해서 친다.

6박자

1박자 – 가슴에서 손뼉을 치고

2박자 – 왼손을 오른쪽 팔꿈치에 갖다 대고

3박자 – 왼손으로 오른쪽 가슴을 가볍게 치고

4박자 – 오른손으로 왼쪽 가슴을 가볍게 치고

5박자 – 오른손을 왼쪽 팔꿈치에 갖다 대고

6박자 – 얼굴 앞에서 두 손을 동그랗게 모은다. 이것을 반복한다.

8박자

4박자를 2번 반복하거나 다음과 같이 한다.

1, 2박자 – 양손으로 무릎 2번

3박자 – 가슴에서 손뼉

4박자 – 상대방과 오른손끼리 마주치기

5박자 – 가슴에서 손뼉

6박자 – 상대방과 왼손끼리 마주치기

7박자 – 가슴에서 손뼉

8박자 – 상대방과 양손 모두 마주친다.

16박자

4박자나 8박자를 이용하여 반복하면 된다.

(2) 머리 어깨 무릎 발

1절 – 가사 대로 율동하기

2절 – 반대로 율동하기

3절 – 왼손은 가사 대로 오른손은 반대로 율동한다.

(3) 나귀타고

1. 노래 부르면서 '고'자는 빼고 부르기

   "많이 하는 게임이지만 꼭 틀리는 사람이 나오죠!"

2. 노래 부르면서 무릎 두 번 손뼉 두 번 동작을 반복한다.

   단, '고'자가 나올 때는 박수를 머리 위에서 쳐야 한다.

   이것이 익숙해지면 반대로 해본다.

   노래 부르면서 머리 위에서 손뼉 두 번, 가슴에서 손뼉 두 번 동작을 반복하다 '고'자가 나올 때만 무릎을 친다.

(4) 뽀뽀뽀 개사 곡

뽀뽀뽀 노래를 한문으로 개사하는 게임이다.

부친이 출타 시에 접접접 모친이 포옹 시에 접접접

상봉시 환영해요 접접접 이별시 재회해요 접접접

오등은 재동동자 접접접 붕우

접접접 접접접 접접접 붕우 쾌재~~"

(5) 인디안 보이

인디안 보이 노래의 음에 맞춰 해보는 기억력 게임이다.

"한 꼬마 두 꼬마 세 꼬마 인디안~~~~~~ 열 꼬마 인디안 보이"

"하늘밑에 달밑에 별이 있어요~~~~~~~~~~~~~~~~   별이 있어요."
"하늘밑에 달밑에 별밑에 구름이 있어요~~~~~~~~~~~~ 구름이 있어요."

이렇게 하나씩 늘려나간다. 마지막엔,

"하늘밑에 달밑에 별밑에 구름 밑에 비행기 밑에 굴뚝 밑에 지붕 밑에 생쥐 밑에 천장 밑에 침대가 있어요 ~~~~~~~~~~~~~~ 침대가 있어요."처럼 얼마든지 더 늘려갈 수 있다.

* 도움말 : 진행자가 그 순서를 잘 외우고 있어야 게임을 진행해 가는 데 무리가 없다.

▶응 용

이러한 기억력 테스트 게임으로는 '시장보기'가 있다.

둥그렇게 앉아, 시작하는 사람이

"나는 오늘 시장에 가서 달걀을 샀습니다." 하면, 옆사람이

"나는 오늘 시장에 가서 달걀과 파를 샀습니다."

그 옆사람은

"나는 오늘 시장에 가서 달걀과 파와 거울을 샀습니다."

이런 식으로 늘여나간다.

(6) 퐁당퐁당

이 게임은 노래와 간단한 모션과 게임이 조합된 좋은 게임 중의 하나이다.

1. 왼손을 엄지만 접고 모두 편다. 오른손은 검지만 편다. 퐁당퐁당 노래의
   첫 4박자마다 오른손 검지로 왼손의 손가락 끝을 1박자에 손가락 하나씩
   터치해 준다.

2. 노래와 모션 : 퐁당퐁당(손가락 터치) 돌을 던지자(오른손으로 자신의 머
   리를 대었다가 던지는 시늉) 누나 몰래(손가락 터치) 돌을 던지자(옆사람
   머리를 던지는 시늉) 냇물아 (손가락 터치) 퍼져라(자신의 양 볼을 잡고
   양 옆으로 늘렸다 오므렸다 반복) 멀리멀리 (손가락 터치) 퍼져라(옆사람
   양 볼을 늘렸다 오므렸다 반복) 건너편에 (손가락 터치) 앉아서(오른손으
   로 자신의 무릎을 세 번 친다) 나물을(손가락 터치) 씻는~(세수하는 모
   습) 우리 누나(손가락 터치) 손등을(오른손으로 왼손 등을 어루만진다) 간
   지러 주어(손가락 터치) 라~(옆사람 간지럼 태우기) 간지럼

3. 마지막 노래 끝부분의 ~ 간지러 주어라 할 때 리더의 주문 사항이 달라
   진다. "~~~ 주어라 옆구리!"라고 주문하면 옆구리를 먼저 간지럼 태운
   다. "~~~ 주어라 배꼽!"뿐만 아니라 여러분 맘대로 엉덩이, 다리, 겨드
   랑이, 발바닥 등등 알아서.

* **도움말** : 동작은 가사를 한 소절씩 읽으면서 가르쳐준다. 노래는 새로 시작할 때마다 점
  점 빠르게 진행하도록 해야 박진감이 있다. 간지럼을 태우는 시간은 5초 미만으로 한다.
  대상들이 간지럼 태우고, 피하고 어수선하더라도 "다시 준비하시고!"라고 외친 후 곧 바
  로 노래 시작하면 정리가 된다. 당연히 기타를 치면 좋고, 아니면 옆에서 쳐 줘도 좋다.
  피아노를 쳐 주면 더욱 좋고, 노래방 기계가 있으면 더 좋다. 그 대신 노래방 기계 사용
  시는 한 소절씩만 하는 게 좋다.

(7) 노래하며 안마하며

먼저 간단한 스트레칭으로 양손을 손가락지로 끼게 하여 손목과 손가락을
돌려 근육을 풀어주고, 그 다음에는 양팔을 뒤로 길게 펴서 기지개를 하게 한
다. 오른쪽으로 전체가 돌아서 앉게 한 다음 빠른 곡의 노래를 부르면서 안마

노래와 함께 상대방을 안마해 주어 친밀감을 높여준다.

를 한다. 안마는 오른쪽, 왼쪽, 앞사람 때리기, 주무르기, 꼬집기, 허리 만지기, 간지럼 태우기 등을 즐겁게 하도록 주문한다.

이와 같은 동작들이 익숙해지면 이번에는 리더의 '하나, 둘, 셋, 넷 등'의 구령에 따라 아래와 같이 활동을 하게 한다(이때에는 빠른 박자의 노래를 부르며 한다).

하나 : 오른쪽 사람의 어깨를 안마한다.

둘: 왼쪽 사람의 어깨를 안마한다.

셋 : 엉덩이를 위로 2회 들썩거리며 손뼉친다.

넷 : 옆사람 간지럼 태우기를 한다.

다섯 : 일어서서 디스코를 춘다.

여섯 : 손잡고 오른쪽으로 8스텝 한다.

일곱 : 손잡고 왼쪽으로 8스텝 한다.

여덟 : 손을 위로 잡고 가운데로 모인다(아니면 서로의 어깨를 잡은 상태에서 오른 다리를 위로 찬다).

아홉 : 손을 아래로 내리면서 뒤로 간다(아니면 서로의 어깨를 잡은 상태에서 오른 다리를 위로 찬다).

열 : 옆사람의 배꼽을 찔러 준다.

열하나 : 하던 동작을 멈춘다.

* **도움말** : 하나에서 다섯까지는 앉아서 할 때 적당하고, 여섯부터 열하나까지는 큰 공간
    에서 일어서서 하면 재미있게 진행할 수 있다.

(8) 노래가사 바꿔부르기

한 노래의 음에 다른 노래의 가사를 붙여 부르는 게임. 예를 들어, '진정 난
몰랐었네'음에 '돌아와요 부산항에'의 가사를 붙여 부른다.

* **도움말** : 생각만큼 쉽지 않으므로 미리 한번 해보게 한다.

(9) 온몸을 흔들어

'머리 흔들어, 어깨 흔들어, 팔도 흔들어, 배꼽은 빼고, 엉덩이 흔들어, 발도
흔들어'라는 가사를 불러 주면서 행동을 같이 하게 한 다음 얼룩송아지 노래
에도 노래 부르며 행동하기, 두 번 정도 연습을 한 다음엔 행동을 더해가며
노래를 부른다(머리를 흔들었으면 어깨 흔들 때에도 계속 흔든다. 그러니까
한번 흔든 것은 노래가 끝날 때까지 흔드는 것이다).

제12장

싱얼롱(성잉모션)

1. 준비사항

싱얼롱은 남녀노소를 막론하고 함께 노래 부르며 율동하는 것이다. 대상의 취향에 따라 노래를 선곡해야 하며 노래를 부르면서 율동을 병행한다면 일체감 조성은 물론 게임을 원활하게 할 수 있다. 그러나 대상에 맞지 않는 노래로 율동을 동원하면 지도자에게 놀림을 당하는 인상을 받게 되므로 지도자와 대상 간의 커뮤니케이션이 이루어지지 않는다. 지도자는 적당한 모션 송 (motion song)의 구사를 통해 대상을 접해야 하는데, 신선한 이미지를 주기 위해서는 창작된 율동을 사용하는 것이 바람직하다. 특히 남자들만 모인 자리에서는 복잡한 율동을 삼가는 것이 좋다. 그 외의 대상들에게는 보편적으로 잘 통한다.

레크리에이션을 지도하는 사람이라면 모션 송을 지도함에 있어 기존에 있는 레크리에이션 책자에서 보고 그대로 답습하는 것도 좋겠지만, 자신이 새롭게 창조하는 것도 자기 발전에 큰 도움이 될 것이다. 모션 송을 만들 때 처음부터 모션을 할 것인지 아니면 기본 박수를 하고 모션에 들어갈 것인지 정해야 한다.

모션 송은 박수와 율동으로 표현된다.

2. 모션 송

(1) 모션 송의 종류

- 박자형
- 가사형
- 혼합형

(2) 모션 송 만드는 방법

① 기본 손뼉 4박자

- 8박자 중, 기본 손뼉(4박자)+모션(4박자)

  ☞ 양손 무릎 치기 2번(2박자)+손뼉 2번(2박자)+모션(4박자)

  예) 남행열차, 개똥벌레 등

- 손뼉 1번(1박자)+오른손 위로 올리기(1박자)+손뼉 1번(1박자)+왼손 위로
  올리기(1박자)+모션(4박자)

  예) 남자는 배 여자는 항구

② **8박자**

- 오른손 앞으로 내밀기(1박자)+손뼉 1번(1박자)+왼손 앞으로 내밀기(1박자)+손뼉 1번(1박자)+오른손, 왼손 차례로 내밀기(2박자)+손뼉 2번(2박자)

- 양손으로 무릎 2번 치기(2박자)+손뼉 2번(2박자)+양 팔꿈치 옆으로 2번 밀기(2박자)+왼손바닥에 오른손 주먹치기(1박자)+오른손 주먹으로 오른쪽 사람의 머리 때리기(1박자)

- 양손으로 무릎 2번 치기(2박자)+손뼉 2번(2박자)+양손을 물레 돌리듯이 구리구리 돌리기(2박자)+손뼉 3번 짝짝짝(2박자)

③ **3박자**

- 양손으로 무릎 1번 치기(1박자)+손뼉 2번(2박자)

- 손뼉 1번(1박자)+무릎 2번 치기(2박자)

- 양손으로 무릎 1번 치기(1박자)+손뼉 1번(1박자)+양손 엄지와 중지를 튕겨서 소리내기(1박자)

④ **전달 박수(4박자일 때)**

왼손바닥을 앞으로 내밀고 오른손으로 왼손바닥 2번 치기(2박자) + 오른손으로 오른쪽 옆 사람의 손바닥 2번 치기(2박자)

⑤ **모션 만드는 법**

모션은 가사에 맞게 다양하게 표현된다.

아래와 같이 표로 만들면 가르치기에 편리하다.

노 래 가 사	표 현 방 법
아 빠	엄지를 내민다.
엄 마	검지를 내민다.
할아버지	턱수염을 쓰다듬는 동작
할 머 니	지팡이를 짚은 구부정한 동작
애인, 친구	약지를 내민다.
아 기	엄지를 빤다.
그녀, 누나	( )을 양손 검지로 그린다.
젊은이	엄지 또는 양팔위로 올려 알통 재는 동작
당신, 너	왼손을 오른팔 팔꿈치에 대고 오른손은 앞으로 내민다.
선생님, 의사	양손 엄지와 검지로 원을 만들어 눈에 안경을 만든다.
음 악 가	• 기타 치는 동작 • 지휘하는 동작
도 깨 비	양손 검지로 머리 위에 뿔을 만든다.
지 구	두 손으로 원을 만든다.
바다, 물, 강	파도(피아노)치듯이 옆으로 움직인다.
산	두 손을 이용해 ∧을 만든다.
거리, 길	두 손을 마주보게 하고 앞으로 내밀며 곡선을 그린다.
꽃	양손 등을 턱에 대고 얼굴을 좌우로 흔든다.
집	두 손으로 △을 그린다.
돌	자기 머리나 옆 사람의 머리를 만진다.
바 람	두 팔을 머리 위에서 이리 저리 흔든다.
별	• 두 손을 흔들어 반짝거린다. • 주먹으로 머리를 때려 별이 보이게 한다.
어 둠	양손으로 눈을 가린다.
소 망	기도하는 모습, 두 손을 합장한다.
믿 음	양손을 깍지 낀다.
변함없는	두 손을 마주 잡는다.
미 움	알밤을 한 대 먹이거나 꼬집는다.
걱정, 괴로움	두 손으로 머리를 잡는다.
생 각	왼손은 오른팔 팔꿈치에 대고 오른손은 턱을 괸다.

노 래 가 사	표 현 방 법
제일	엄지를 펴 보인다.
없다	오른손 검지로 ×를 한다.
누가, 왜, 어디에, 무엇, 어떻게	오른손 검지로 물음표(?)를 그린다.
잠자다	두 손을 모아 귀에 대고 옆으로 기댄다.
만나다	두 손을 밖에서 안으로 마주 댄다.
사라지다	오른손을 머리 위에서 ⌒를 그린다.
날아가다	양팔을 옆으로 펴고 아래, 위로 날개짓한다.
날마다	손가락을 차례로 접는다.
옛날, 지난날	엄지를 흔들며 앞으로 뒤로 보낸다.
보다	양손 엄지와 검지로 원을 만들어 눈앞에서 앞으로 내미는 동작 "띠용"
간다	• 앞으로 걷는 동작 • 맷돌을 가는 동작
온다	오른손을 앞으로 검지를 까닥인다.
기다린다	목을 길게 빼는 동작
둘러본다	손을 펴고 엄지 쪽을 이마에 대고 좌우로 둘러본다.
해가 뜬다	양손을 펴고 허리에서 머리로 올린다.
해가 진다	양손을 펴고 머리에서 허리로 내린다.
올라간다	양손을 차례로 위를 향해 계단을 쌓는다.
내려가다	"올라가다"의 반대 동작
떨어지다	오른손을 머리 위에서 아래로 떨군다.
토끼	양손을 머리 위에 세우고 쫑긋거린다.
말(하다)	두 손을 앞에 두고 온몸을 끄덕이며 말 타는 동작
개, 고양이, 호랑이	두 손을 입 앞에서 발톱을 세우는 동작
사슴	머리에 뿔 모양을 만든다.
여우	양손을 입 앞에 길게 갖다 댄다.
거북이	양팔을 천천히 앞으로 내민다.
노래, 음악	• 두 손을 마주잡고 좌우로 흔든다. • 기타 치는 동작
마음, 가슴	양팔을 X자로 가슴에 포갠다.
우정	어깨동무를 하거나 악수한다.
이별	두 손을 마주 댔다가 서서히 벌린다.

이상과 같은 방법으로 표현하기 힘든 내용은 하나씩 풀어서 표현하면 엉뚱하면서도 쉽고 재미있다.

> 예) "나그네가 간다" : '나'   – 나를 가리킨다.
> '그네' – 타는 그네를 표현
> '간다' – 맷돌을 가는 동작
> "돌아보지 마라" : '돌아' – 돌맹이를 뜻한다고 보고 자기 머리나 옆사람의 머리를 만진다.
> '보지' – 보다의 표현법
> '마라' – 말 타는 동작
> "소중하다"   : '소' – 두 손의 검지를 머리 위에서 세워서 소의 뿔을 만든다.
> '중하다' – 스님이 목탁 치는 동작
> "이 세상"   : '이'   – 오른손 검지로 이빨을 가리킨다.
> '세'   – 나는 새나 3으로 표현
> '상'   – 밥상을 표현

이와 같은 방법을 동원하여 모션 송을 만들 수 있다. 기본 손뼉을 사용할 경우 4박자는 기본 손뼉을 치고 나머지 4박자는 모션을 사용한다. 다른 방법으로 '사랑해' 노래와 같이 처음부터 동작을 사용할 수도 있다. 모션 송의 내용을 알려 주면서 이런 동작들이 어떻게 만들어졌는지에 대해 이해를 시키면서 설명을 해주면 재미를 더할 수 있다.

다음 쪽의 표에 노래 한 곳을 선택하여 자신만의 모션 송을 만들어 보도록 한다.

☼노래에 맞게 모션 만들기☼

노 래 가 사	표 현 방 법

노 래 가 사	표　　현　　방　　법

제13장

유머 마인드

1. 준비사항

이 장에서는 유머 감각 향상을 위한 이론적인 접근과 정보를 제공한다. 충분히 생각하면서 읽고, 자신의 유머 마인드에 새긴다면 유머 감각을 키우는 데 큰 도움이 될 것이다. 들어가기에 앞서 먼저 알아두어야 할 것은 마인드와 하트의 차이다.

육체의 심장이나 자연 상태에서의 마음은 하트(heart)이고, 학습과 경험을 통해서 구조화된 일정한 틀(패러다임)을 갖고 있는 마음은 마인드(mind)이다. 따라서 여기서는 유머 하트보다 유머 마인드, 즉 유머 감각 개발에 주안점을 두었다.

2. 접근방향

(1) 사람은 왜 웃나?

인간의 간질병에 대한 연구를 하던 중 의외의 소득이 있었는데, 손발을 관장

하는 4cm^{2}의 사지통제 신경조직 바로 앞부분(왼쪽 뇌의 중 상위 부분)이 자극을 받으면 사람이 웃게 되는 것을 발견했다. 이것이 우리들이 오래 전부터 이야기 해오던 웃음보이다. 이곳을 자극할 수만 있다면 사람을 웃길 수 있다.

① 웃음보를 자극하면?

인간의 입력기관인 오감, 즉 시각, 청각, 촉각, 미각, 후각을 통해 생각을 자극하면 웃음보를 자극할 수 있다. 이 때 웃음이 터져 나오는데, 웃음보가 약하게 자극 받으면 미소가 나오고, 강하게 자극받으면 폭소가 나온다.

② 웃음보를 자극하는 방법

웃음보를 자극하는 방법은 크게 세 가지로 나눈다.

첫째, 갑작스런 영광의 기쁨을 맛보게 하는 것

둘째, 빗나간 상식이나 이성을 전달하는 것

셋째, 언어의 유희

③ 갑자기 찾아온 영광

사람은 자신보다 한 수 위인 사람에게는 긴장상태가 되고, 한 수 아래인 사람에게는 이완상태가 된다. 웃음은 이완상태에서 나오는 반응으로 자신보다 어리석거나 멍청한 상황을 만나면 웃게 되고 이것이 자신의 자긍심이나 중요(重要)감으로 연결된다. 자긍심이나 중요감은 곧 갑작스런 영광의 기쁨으로 이어지고 웃음보를 자극한다.

예) 누구나 돌부리에 걸려 넘어지거나 얼음판 위에서 발이 미끄러져 엉덩방아를 찧은 경험이 있을 것이다. 본인이 당하면 창피하고 몸둘 바를 모르겠지만, 남이 넘어지는 광경을 목격하면 폭소를 자아낸다. 이처럼 웃음은 '나는 최소한 너처럼 어리석거나 멍청하지는 않다.'라는 갑작스런 영광의 기쁨을 맛보았기 때문에 웃게 된다.

④ 빗나간 상식이나 이성

웃음을 자극하는 또 하나의 방법으로 빗나간 상식이나 이성이 있다.

사람은 긴장 상태에서 이완상태로 넘어갈 때 심리적으로 편안해지면서 마음의 여유를 찾고 웃음을 웃게 되는데, 빗나간 상식이나 이성이 긴장상태에서 이완상태로 이끌어 준다.

예) 누구나 한번쯤 학창시절에 고사성어나 속담을 엉뚱하게 해석하여 웃은 기억이 있을 것이다. 이러한 것들이 바로 빗나간 상식이나 이성이 되어 웃음보를 자극한다. 예를 들면 "백지장도 맞들면 찢어진다." "가다가 중지하면 간만큼 이익이다." "삶이 너를 속인다면 112로 신고해라." 등일 것이다.

(2) 언어의 유희

언어의 유희는 과장과 축소, 풍자하기, 단어 비틀기, 반대말 반죽하기, 억지 부리기, 같은 말 반복하기, 공통점과 차이점 찾기 등 여러 가지가 있다.

① 때와 장소

유머를 구사할 때 주의할 점은 지금이 유머를 할 때인지 유머가 필요한 장소인지를 판단해야 한다. 왜냐하면 때와 장소를 못 맞춘 유머는 천덕꾸러기가 되기 때문이다.

상갓집에 문상 가서 개그를 할 리는 없지만, 때와 장소를 못 가리는 유머도 이에 못지않다.

② 눈높이 유머

재미있고 웃기는 얘기라고 해서 남녀노소 모든 이에게 통하는 것은 아니다.

남자끼리 또는 여자끼리 있을 때 적합한 것이 있고, 노인용, 성인용, 청소년용 그리고 유아용이 엄연히 따로 존재한다. 잘 분별해야 할 일이다.

③ 유머 퀴즈 활용법

대상에 어울리는 유머는 금상첨화(錦上添花), 일석이조(一石二鳥)이다.

유머 퀴즈의 내용은 자기 자신을 기준으로 삼지 말고 모임의 성격과 대상의 수준에 따라서 선택한다. 일반적으로 어린이들에게는 수수께끼를, 청소년들에게는 난센스 퀴즈를, 성인 층에는 약간 색깔이 있는 유머 퀴즈를 활용하는 것이 효과적이다.

④ 유머 활용법

유머는 감춰지거나 억압된 스트레스와 원망을 일시적으로 해소시킴으로써 인간에게 쾌감을 주고 동시에 공포감을 완화시켜 준다. 또한 곤란한 일이나 대인 접촉 따위를 부드럽게 연결시켜 주는 요소이다."
                                                                    −프로이드−

게임에 있어서의 웃음은
1. 악의나 비난, 야유 또는 가시가 돋친 풍자는 안 된다.
2. 누구에게도 상처를 주지 않는 웃음거리이어야 한다.
3. 육체적 결함 따위를 대상으로 하면 안 된다.
4. 전화위복의 화제로 그 장소의 분위기를 새롭게 해야 한다.
5. 사태에 맞춰 천변만화(千變萬化)한 이야기여야 한다.
6. 너무 생생한 느낌을 주는 것은 안 된다.

정열적인 몸짓으로 사자후(獅子吼)를 토하며 군중을 사로잡던 웅변가의 시대는 지났다. 대화의 시대인 오늘은 인간의 마음을 공감시킬 수 있는 자연스러운 표정과 여유 있는 설득력을 요구하고 있다.

3. 유머와 인간과의 관계

(1) 유머와 신체건강

웃음은 면역체계와 소화기관을 안정시켜 암을 비롯한 모든 질병의 예방과 치료에 매우 효과적이다. 실제로 잘 웃는 사람은 그렇지 않은 사람보다 건강하게 오래 산다. 그 이유는 웃는 순간 스트레스를 말끔히 날려 보내면서 면역체계와 소화기관이 강화되기 때문이다.

(2) 유머와 산소

사람에게 꼭 필요한 것 중 하나가 바로 산소이다. 산소가 없으면 사람은 단 몇 분도 못 견디고 죽는다. 사람이 웃을 때는 체내 산소 흡입량이 평소보다 무려 6배가 들어온다. 잘 웃는 사람은 산소 같은 사람이다.

(3) 유머와 내장기관

웃으면 모든 장을 마사지할 수 있다. 특히 간장과 위장에 좋으며 심장을 튼튼하게 한다. 우리가 배꼽을 쥐고 웃다 보면 속이 시원해진 경험이 있을 것이다. 이는 웃음으로 인해 모든 내장기관이 구석구석 마사지가 되기 때문에 느끼는 것이다.

(4) 유머와 다이어트

한 번의 폭소는 5분 동안의 에어로빅 효과를 준다. 짧은 순간이지만 대단한 유산소 운동의 결과를 얻을 수 있다. 따로 돈들이지 않고, 에어로빅 복장도 갖추지 않고, 장소에 구애됨 없이 간편하게 다이어트 효과를 볼 수 있다.

(5) 유머와 아랫배

배꼽을 쥐고 눈물을 찔끔찔끔 흘리면서 웃은 경험이 있을 것이다. 이렇게 웃고 나면 온몸의 긴장이 풀리면서 아랫배가 아프다. 이는 격렬한 복근운동을 했기 때문이다. 튀어나온 아랫배 때문에 스트레스 받는 사람은 울지 말고 웃어야한다. 옛날에 입던 바지를 다시 꺼내 입을 수도 있다.

(6) 유머와 마음의 벽

초면이거나 친숙하지 않은 사람과의 만남은 의례 마음의 벽이 가로막기 마련이다. 어쩔 수 없는 상황이라고 하기엔 너무 불편하다. 이럴 때 유머를 구사하면, 마음의 벽을 한방에 날려 보낼 수 있다.

(7) 유머와 윤활유

윤활유가 없는 엔진을 탑재한 자동차를 운전한다면 소음도 심하고 엔진 과열로 인해 큰 불편과 사고를 만나게 될 것이다. 대화에 있어서 유머가 없는 사람을 만난다면 인간관계가 불편하고 사막 위를 걷는 기분일 것이다. 유머는 인간관계와 대화에 있어서 자동차의 윤활유다.

4. 스피드 스피치

스피디한 단어의 전개는 청취자로 하여금 딴 생각이 들지 못하게 하는 장점이 있다. 그러나 실수를 하면 수습하기가 매우 어려운 단점도 있다. 장점을 살리기 위해 말을 빨리 하는 연습을 하면 좋다. 언제까지 해야 하느냐 하면 될 때까지다.

이 콩깍지는 깐 콩깍지냐? 안 깐 콩깍지냐?
경찰청 경, 경찰청 찰, 경찰청 청, 경찰청 경찰, 경찰청 찰청, 경찰청 경찰청.

5. 고전 유머

(1) 엘리베이터 안의 10가지 감정

① **초조** : 여러 사람과 같이 탔는데 방귀가 나오려고 할 때

② **기쁨** : 혼자만 있는 엘리베이터에서 시원하게 한 방 날렸을 때

③ **감수** : 역시 냄새가 지독할 때

④ **창피** : 냄새가 채 가시기도 전에 다른 사람이 탔을 때

⑤ **고통** : 둘만 타고 있는 엘리베이터에서 놈이 지독한 방귀를 뀌었을 때

⑥ **울화** : 방귀 뀐 놈이 마치 자기가 안 그런 양 딴청을 피울 때

⑦ **고독** : 방귀 뀐 놈은 사라지고 혼자 남아 놈의 채취를 느끼고 있을 때

⑧ **억울** : 놈의 채취가 채 가시기도 전에 다른 사람이 타면서 얼굴을 찡그릴 때

⑨ **황당** : 엄마 손 잡고 올라탄 꼬마가 나를 가리키며 "엄마 저 사람 방귀 꼈나봐."할 때

⑩ **분통** : 엄마가 아이에게 "누구나 다 방귀는 뀔 수 있는 거야." 하며 꼬마를 타이를 때

(2) 차 비

한 남자 고등학생이 시내에 나갔다가 그만 차비를 잃어버렸다. 용기를 내어 지나가던 여고생에게 말을 걸었다.

남학생 : 저어… 저기… 저…

여학생 : 왜 그러세요?

남학생 : 저… 차비 좀 빌려주세요.

여학생 : (의외로 상냥하게) 시간 있으세요?

남학생 : (너무 좋아서) 넷, 있습니다!

여학생 : 그럼 걸어가세요.

(3) 돈과 화장실과 사자성어

재래식 화장실에서 실수로…

① 10원짜리 동전이 빠지면/ 수수방관

② 오백원짜리 동전이 빠지면/ 우왕좌왕

③ 천원짜리 지폐가 빠지면/ 안절부절

④ 오천원짜리 지폐가 빠지면/ 진퇴양란

⑤ 만원짜리 지폐가 빠지면/ 이판사판

⑥ 십만원짜리 수표가 빠지면/ 일단잠수

⑦ 백만원짜리 수표가 빠지면/ 사생결단

(4) 모유의 장점

① 초유에는 면역성이 10배나 더 있고, 정서적 안정을 준다.

② 자동 온도조절 장치가 되어 있어 데울 필요가 없다.

③ 용기가 아름답다.

④ 촉감이 좋다.

⑤ 휴대가 간편하다.

⑥ 한쪽을 다 먹어도 스페어가 있다.

⑦ 빨대가 필요 없다.

⑧ 뒤로 자빠져도 쏟아지지 않는다.

⑨ 도둑맞을 염려가 없다.

⑩ 부자 겸용(?)이다.

(5) 주색잡기(酒色雜技)

주색잡기에 능한 난봉이는 배의 선원이었다. 배가 난파되어 무인도에서 몇 달을 지내고 있던 어느 날, 천사가 나타나 난봉이의 처지를 가엾게 여겨 가장 갖고 싶은 것 두 가지 소원을 들어주겠다고 말했다. 난봉이는 흥분을 감추지 못하고 침을 튀기며 말했다.

"제일 좋은 프랑스제 포도주 한 상자하고, 지금까지 이 세상에서 산 여자 중 제일 가는 여자 한 명을 데려다 주십시오."

잠시 후 '펑!' 하고 난봉이 앞에는 샴페인 한 상자와 테레사수녀가 나타났다.

(6) 건강한 치아 보존법

건강한 치아를 오래 유지하려면, 다음 3가지 규칙을 잘 지켜야 한다.

① 식후에 반드시 칫솔질을 할 것(3분 안에 3분 동안)

② 1년에 두 번은 치과의사를 찾아갈 것

③ 남의 일에 쓸데없이 말참견하지 말 것

(7) 꼬마의 아파트

25층짜리 고층 아파트 꼭대기에 사는 꼬마가 있었다. 이 꼬마는 1층으로 내려올 때는 엘리베이터를 이용했지만, 1층에서 25층으로 올라갈 때는 늘 엘리베이터를 23층까지만 타고는, 24층과 25층은 걸어서 올라갔다. 왜냐?

정답 : 꼬마는 숏다리니까!!

(8) 투캅스

초대형 쇼핑센터에 도둑이 들었다는 연락을 받고 경찰이 비상 출동했다.

그러나 도둑은 거미줄같이 삼엄한 경계망을 뚫고 유유히 사라졌다.

고 참 : 어떻게 했기에 놓쳤어 이 멍청아! 출구를 다 막으라고 했잖아, 짜샤!

신 참 : 출구는 분명히 다 막았습니다. 그런데 아, 글쎄 그놈이 입구로 도망
　　　　갔지 뭡니까?

(9) 거스름 돈

결혼식을 막 끝낸 신랑이 지갑을 꺼내며 목사님에게 예식 비용이 얼마냐고 물었다.

목 사 : 우리 교회에서는 예식 비용을 따로 받지 않습니다. 다만 신부가 아름다운 만큼 돈을 내시면 감사한 마음으로 받겠습니다.

신 랑 : 아, 그러세요. 여기 봉투에 10만원 넣었습니다. 감사합니다!

목 사 : -신부의 얼굴을 힐끗 보더니- 여기 거스름돈 9만원 받으시오!

(10) 하룻밤의 열정 때문에

개미와 코끼리가 사랑을 불태우며 하룻밤을 함께 지냈다. 다음날 아침, 개미가 일어나 보니 아 글쎄, 코끼리가 죽어 있는 것이 아닌가! 개미가 죽은 코끼리를 쳐다보며 중얼거렸다.

"우이씨, 하룻밤 열정 때문에 남은 일생을 무덤이나 파면서 보내야 하다니!"

(11) 처녀로 살다 처녀로 죽다

한 시골 마을에 평생을 독신으로 살면서 순결을 지킨 할머니가 있었다.

죽을 날이 얼마 남지 않았음을 예감한 할머니는 마을 장의사에게 가서 자신의 묘비명을 다음과 같이 새겨달라고 했다.

"처녀로 태어나, 처녀로 살다, 처녀로 죽다."

얼마 후, 이 할머니는 돌아가셨고, 장의사는 좋은 비석을 골라 석공에게 묘비명을 새겨달라고 부탁했다. 석공은 매우 게으른 사람이었고, 퇴근할 시간이 되자 빨리 집에 가고 싶었다.

마음이 바쁜 석공은 묘비명이 쓸데없이 길다고 생각되어 탁월한 압축력으로 원문을 5자로 줄여서 비석에 새겨 넣었다.

"미개봉 반납"

(12) 무엇이 될까?

어느 부부의 아들이 첫 돌을 맞이하게 되었다. 남편은 아이가 장차 어떤 인물이 될지 몹시 궁금하여 돌상에다가 지폐와 성서 그리고 소주 한 병을 올려놓았다.

아내 : 여보, 이게 다 뭐예요?

남편 : 응, 돈을 집으면 사업가가 될 것이고, 성서를 집으면 성직자가 될 거
    야. 하지만 술을 집으면 술꾼이 되겠지.

드디어 아이가 돌상 앞에 앉았다. 아이는 상을 훑어보다가 지폐를 집어 손에
쥐었다. 그런 다음 다른 손으로 성서를 집어 들어 겨드랑이에 끼더니 이내 소
주병을 움켜잡았다.

남편 : 휴-, 저 녀석은 앞으로 정치가가 될 것 같아.

(13) 공통점

정자와 정치꾼의 공통점 : 둘 다 인간이 될 확률이 수억 분의 일이다.

창녀와 정치꾼의 공통점 : 돈만 주면 해준다.

게와 정치꾼의 공통점 : 서로 발목을 물어뜯어 앞으로 나갈 수 없다.

정치인과 정치꾼은 다릅니다!

(14) 앙코르

맹장수술을 마치고 마취에서 깨어난 덩달이는 이상한 느낌이 들어 자기 몸
아래를 들여다본 후 간호원에게 물었다.

덩달이 : 왜 제 물건에도 붕대를 감아 놓았죠?

간호원 : 수술을 집도하신 의사 선생님은 아주 유능한 선생님이시거든요.

덩달이 : 그래서요?

간호원 : 그래서 많은 인턴들이 견습을 했어요.

덩달이 : 아니, 그거하고 이 붕대가 무슨 상관이 있습니까?

간호원 : 수술이 끝나자 인턴들이 함성과 함께 박수를 보냈고, 선생님은 그

앙코르에 화답해서 내친김에 포경수술까지 하셨어요.

(15) 모이면 살고 흩어지면 죽는다

삼식이가 6 · 25전쟁에 일등병으로 참가했다.

하루는 소대장이 소대원들을 모아놓고 말했다.

"모이면 살고 흩어지면 죽는다." 그때 어디선가 쒸~잉 소리를 내면서 수류탄
이 하나 날아왔다. 삼식 일병이 갑자기 일어나더니 소대원들을 향해 소리쳤다.
"모여!"

(16) 식후 세 알씩

삼식 : 의사 선생님, 제 귀에 이상이 있나 봐요. 요즘 들어서는 제 방귀소리
　　　조차 잘 들리지 않거든요.

의사 : 그러면 식후에 이 알약을 꼭 세 알씩만 복용하십시오. 금방 효과가
　　　나타날 겁니다.

삼식 : 우 ~ 와! 그럼 이게 귀가 밝아지는 약인가요?

의사 : 아닙니다. 방귀소리를 크게 하는 약입니다.

(17) 눈탱이가 밤탱이

남편이 아침에 아내에게 하는 말.

남 편 : 여보, 미안하오! 어젯밤엔 술도 너무 마셨고, 게다가 양쪽 눈에 멍
　　　까지 들어서 왔으니…

아 내 : 괜찮아요. 그 멍은 집에 돌아온 후에 든 거니까.

(18) 피장파장

어느 날 선생님이 부메랑에게 물었다.

선생님 : 전깃줄에 참새 네 마리가 앉아 있었는데, 사냥꾼이 참새 한 마리를
　　　겨냥해 총을 쐈다면 몇 마리가 남았을까?

부메랑 : 한 마리도 안 남았어요.

선생님 : 아니, 왜지?

부메랑 : 그야 총소리에 놀라 다 도망갔기 때문이죠.

선생님 : 틀렸어. 답은 세 마리야. 하지만 학생이 생각하는 게 마음에 드는 군.

부메랑 : 그럼, 선생님! 이번엔 제가 문제를 내겠습니다. 아가씨 세 명이 아 이스크림을 먹고 있었습니다. 그 중 한 명은 아이스크림을 핥아먹 고, 또 한 명은 **빨아먹고**, 마지막 한 명은 깨물어 먹었습니다. 그 중 결혼한 여자는 누구죠?

선생님 : 그, 그야 빨아먹은 여자지.

부메랑 : 틀렸습니다. 정답은 결혼반지를 낀 여자입니다. 하지만 선생님께서 생각하시는 게 마음에 드는군요.

(19) 화장실 낙서

어느 남자 화장실 입구에 이렇게 써 있었다.

- 신사는 매너. 한 걸음 앞으로 다가서십시오!

그런데 그 밑에 누가 낙서를 해 놓았다.

-남자는 힘. 입구에서도 문제없다!

그런데 그 밑에 또 다른 낙서가 휘갈겨져 있었다.

-니껀 권총이지 장총이 아니다. 바싹 다가서라, 이놈아!(청소 아줌마 백)

(20) 결혼이란?

1년째 : 남자가 말하고 여자는 듣는다.

2년째 : 여자가 말하고 남자는 듣는다.

3년째 : 둘 다 말하고 이웃이 듣는다.

(21) 나라별로 본 국민성

맥주 집에 들러 맥주를 주문했더니 맥주에 파리가 빠져 있었다.

영 국 인 : 아무 말 없이 밖으로 나간다.

미 국 인 : 물끄러미 술잔을 보다가 사진을 찍고는 주인을 고소한다.

스위스인 : 파리를 재빨리 건져낸 다음 살릴 방법을 강구한다.

멕시코인 : 입으로 후후 불며 마신다.

중 국 인 : 그냥 같이 마신다.

한 국 인 : 배상하라며 술집을 뒤엎어 버린다.

일 본 인 : 중국인의 행동을 보다가 자신의 맥주를 중국인에게 판다.

제14장

레크 리에이션과 퀴즈

1. OX 퀴즈

1. 태평양은 6대주를 합한 면적보다 넓다. ····························· (O)

2. 로미오와 줄리엣은 처음 만난 날 키스를 했다. ···················· (O)

3. 우리나라 최초의 우표에는 무궁화가 인쇄되어 있다. ·············· (×)

4. 괘종시계가 12시를 알릴 때 마지막 12번째가 정각 12시다. ·········· (×)

5. 한 달에 2번씩 찾아오는 24절기는 양력으로 따진다. ·············· (O)

6. 8만대장경의 경판 수는 8만 개를 넘는다. ························ (O)

7. 정상 제품인 바둑알은 흰 돌과 검은 돌의 크기가 다르다. ·········· (O)

8. 톨스토이는 노벨문학상을 2번 수상했다. ························· (×)

9. 비행기의 출발 시간은 탑승 문이 완전히 닫히는 시간이다. ········· (×)

10. 밀레의 그림 만종에는 기도하는 부부 2명뿐이다. ················· (O)

11. 벽창호는 원래 소를 가리키는 말에서 유래했다. ·················· (O)

12. 칠면조는 목 부분이 7색으로 변하기 때문에 붙여진 이름이다. ······· (×)

13. 세종로에 있는 이순신 장군 동상은 칼을 오른손에 쥐고 있다. ······· (O)

14. 귀뚜라미가 우는 이유는 영토 주장을 하기 위해서다. ·············· (O)

15. 올림픽을 상징하는 오륜기의 가운데 색깔은 검정색이다. ············ (O)

16. 북두칠성은 우리나라에서 볼 때 시계 반대 방향으로 돈다. ········· (O)

17. 문어의 다리는 문어의 머리에서 나온다. ····················· (O)

18. 로댕의 생각하는 사람은 눈을 감고 있다. ················· (×)

19. 사슴은 쓸개가 없다. ······························· (O)

20. 여왕개미의 수명은 10년 이상이다. ··················· (O)

21. 가재미의 눈은 중앙으로 쏠려 있다. ················· (×)

22. 하마는 붉은색 땀을 흘린다. ······················· (×)

23. 퀴리 부인은 노벨상을 2번 수상했다. ················ (O)

24. 우리나라 최초의 오페라는 춘향전이다. ·············· (O)

25. 개미의 하루 평균 노동시간은 6시간이다. ············ (O)

26. 사자의 수명은 15년 정도이다. ····················· (O)

27. 국악에는 자진모리, 중중모리, 휘모리 등의 빠르기말이 있는데
    가장 빠른 것은 진양조이다. ···················· (×) 휘모리

28. 제1회 아테네 올림픽은 1896년에 열렸다. ··········· (O)

29. 은행잎은 활엽수이다. ························· (×) 침엽수

30. 지하철 1량의 창문을 제외한 문의 수는 모두 8개이다. ········· (×) 10개

31. 가을꽃인 코스모스는 국화과이다. ················· (O)

32. 하마는 육식동물이다. ························· (×) 초식

33. 전 세계적으로 여자 프로야구 선수는 한명도 없다. ········ (O)

34. 육상경기 중 남자 허들은 100m, 110m, 200m 세 가지가 있다. ····· (×)
    ·· 110m, 200m

35. 구기 종목 중 가장 작은 공을 사용하는 경기는 골프다. ········ (×) 탁구

36. 베토벤 교향곡 중 음반 판매량이 가장 많은 곡은 영웅이다. ··· (×) 합창

37. 국회의사당의 기둥 수는 모두 24개이며, 이는 24절기를 나타낸다. (O)

38. 수영 경기 중 자유형 스프린터 경기의 최단거리 코스는 25m이다. (×)
    ·· 50m

39. "하루라도 책을 읽지 않으면 입안에 가시가 돋힌다."라고 한 사람은 안
    중근이다. ······································· (×) 안창호

40. 사자의 포효소리가 큰 이유는 혀에 **뼈**가 있기 때문이다. ············ (O)
·· 고양이도 있지만 성대와 입의 크기가 다르기 때문이다.

41. 돼지저금통은 우리나라에서 먼저 만들었다. ····························· (×)

42. 얼룩말의 줄무늬는 하얀색이다. ··· (O)

43. 고래도 생선이다. ··· (×)

44. 원숭이도 지문이 있다. ··· (O)

45. 뱀은 뒷걸음을 칠 수 있다. ··· (×)

46. 바나나의 씨는 없다. ··· (O)

47. 물고기 혀는 있다. ··· (×)

48. 오징어의 피는 푸르다. ··· (O)

49. 뱀의 혀는 두 개다. ··· (×)

50. 고양이도 잠을 잘 때 꿈을 꾼다. ·· (O)

51. 달팽이는 이빨이 있다. ··· (O)

52. 미운 오리새끼의 저자는 이솝이다. ····································· (O)

53. 벼룩은 암컷과 수컷 중에 암컷이 더 크다. ··························· (O)

54. 암스트롱이 달에 착륙했을 때 오른발부터 땅에 발을 디뎠다. ······ (×)

55. 고추는 태양빛을 받지 못하면 빨갛게 되지 않는다. ·················· (O)

56. 손톱과 발톱은 피부가 변해서 된 것이다. ···························· (O)

57. 개미도 63빌딩에서 떨어지면 죽는다. ·································· (×)

58. 개구리는 겨울잠을 자는 동안에 숨을 쉬지 않는다. ················· (O)

59. 사슴의 뿔은 영양분이 많이 저장되어 있다. ·························· (×)

60. 메기에는 비늘이 없다. ··· (O)

61. 리본체조에 사용되는 리본의 길이는 3m이다. ·················· (×) 6m

62. 광견병은 동물 중 개에게만 걸린다. ···························· (×) 고양이

63. 60분짜리 녹음테이프의 길이는 60m이다. ····················· (×) 90m

64. 카레는 인도어로 맵다는 뜻이다. ································ (×) 즙

65. 의사는 환자발생시 진료를 거부했을 때 2개월의 면허정지를 당할 수 있
    다. ·· (O)

66. 우리나라 국보 제1호는 동대문이다. ··· (×) 남대문

67. 남극과 북극 중 북극이 더 춥다. ····································· (×) 남극 40 : 60

68. 파도가 일어나는 것은 달의 영향이다. ·································· (×) 바람

69. 개구리는 배꼽이 있다. ·· (×)

70. 배꼽의 때를 닦아내면 배가 아프다. ··· (○)

71. 물고기는 소변을 보지 않는다. ·· (×)

72. 물고기의 혀는 맛을 볼 수 없다. ·· (○)

73. 방울뱀은 꼬리로 소리를 낸다. ·· (○)

74. 지렁이도 눈이 있다. ··· (×)

75. 열대지방의 나무에는 나이테가 없다. ·· (○)

76. 낙타의 등에는 물이 들어 있다. ····································· (×) 지방

77. 달팽이는 턱이 없다. ··· (×)

78. 올빼미는 머리를 360도 돌릴 수 있다. ······································ (○)

79. 세계에서 TV 방송을 제일 먼저 한 나라는 미국이다. ··················· (○)

80. 돼지저금통은 영국에서 제일 먼저 만들었다. ····························· (○)

81. 음식물을 토할 때는 등을 두드려 주는 것이 좋다. (×) 배를 쓸어 올린다.

82. 크리스마스 실은 덴마크에서 시작되었다. ·································· (○)

83. 사람이 재채기할 때 나오는 침의 속도는 80km/h 이상이다. ········· (○)

84. 옛날 도서관의 창문은 동향이다. ············· (○) 아침에 습기를 말리기 위해

85. 거북이는 겨울잠을 잘 때 숨을 쉬지 않는다. ····························· (○)

86. 광화문 네거리 이순신 장군상은 오른손에 칼을 들고 손을 허리에 대고
    있다. ·· (○)

87. 매미의 유충은 땅속에서 최고 7년을 산다. ······················· (×) 14년

88. 여왕개미는 일개미와 숫개미와는 달리 최고 12년을 산다. ··········· (○)

2. 난센스 퀴즈

프로그램 진행에 있어서 퀴즈 게임은 자동차의 윤활유 역할을 한다.

퀴즈의 내용은 리더 자신을 기준으로 삼지 말고 모임의 성격과 대상의 수준에 따라서 선택한다.

(1) 성인용 난센스 퀴즈

1. 커피에 빠진 파리가 죽으며 하는 말은? (세상 쓴맛 단맛 다 봤다)

2. 하루에 100원씩 1년을 내면 1억 원을 탈 수 있는 계는?   (황당무계)

3. 가장 달콤한 술은? (입술)

4. '호프'로는 맥주를 만들고 '엿기름'으로는 감주를 만든다. 그러면 '돈'으로는 무엇을 만드나?   (물주)

5. 1 더하기 1(일 더하기 일)은?   (중노동)

6. 2 더하기 2(이 더하기 이)는?   (덧니)

7. 2 빼기 2(이 빼기 이)는?   (틀니)

8. '떠나간 임'을 2자로 줄이면?   (쌍놈)

9. 갈비씨의 변천사 (비 사이로 막가 → 이쑤시개 뒤에 숨어 → 비 좀 맞아 봤으면)

10. 사업상 목욕을 할 수 없는 사람은?   (거지)

11. 숫처녀와 노(NO)처녀와의 차이는?   (단 한 번의 차이)

12. 여자가 실수를 하여 남탕에 들어갔을 때의 죄목은?   (방화죄)

13. 남자가 실수로 여탕에 들어갔을 때의 죄목은?   (불법무기 소지죄)

14. 아주 오래 전에 건설된 다리를 무어라 부르나?   (구닥다리)

15. 젖소에게는 4개가 있고 여자에게는 2개가 있다. 이것은?   (다리)

16. 재벌의 2세가 되는 방법은?   (아버지를 재벌로 만든다)

17. 사과 5개 중 3개를 먹으면 몇 개가 남나?   3개(먹는 게 남는 거니까!)

18. 도둑이 담을 넘어가 그 집에 있는 술을 마시고 곯아 떨어져 잡혔다. 이때의 죄목은?   (절도미수와 직무유기죄)

19. 도둑이 도둑질을 하다가 실수로 잠자는 사람의 목을 밟아 죽였다. 이때
    의 죄목은?　　　(업무상 과실치사)

20. 현모양처란?　　　(현저하게 히프 모양이 양쪽으로 처진 사람)

21. 허무한 사람이란?　　　(허리가 없는 사람)

22. 프로 권투의 대전료 계산 방식은?　　　(주먹구구식)

23. 가슴이 아주 큰 여자가 널뛰기를 하고 나면 어떻게 될까?　　　(눈탱이가 밤
    탱이가 된다)

24. 북어와 여자를 한꺼번에 두들기려면?　　　(북어로 여자를 두들긴다)

25. 땅땅거리며 사는 사람은?　　　(토지매매업자)

26. 포도를 따는 데 가장 적당한 시기는?　　　(주인이 없을 때)

27. 피임약이 부작용을 일으키면 어떻게 되나?　　　(임신)

28. '죽마고우'란?　　　(죽치고 마주 앉아 고스톱 치는 친구)

29. 처녀가 애를 배면 해당되는 죄목은?　　　(범인 은닉죄)

30. 시어머니 생신날 손님 접대는 않고 낮잠만 자는 여인은?　　　(잠년)

31. 결혼 전에 꼭 해야 할 20가지!

　① 선글라스 준비하기!

　☞ 볼 거 못 볼 거 많이 보게 되어 환상이 깨지게 된다.

　② 좋은 영화 몽땅 다보기!

　☞ 요즘 영화 볼 거 없다는 핑계로 찐한 거 봐도 쪽팔리지 않는다.

　③ 충분한 수면 취하기!

　☞ 이유 없이 밤이 짧아진다.

　④ 눈높이 조절하기!

　☞ 남편, 마누라 빼고는 다 잘생기고 이뻐 보임을 방지한다.

　⑤ 뽀뽀뽀와 혼자서도 잘 해요를 매일 보기!

　☞ 애기 보는 일이 장난이 아니다.

　⑥ 골프 제대로 배우기!

　☞ 얄팍한 퍼팅보다 홀인원이 필요하다.

　⑦ 우황청심환 준비하기!

☞ 자주 놀라서 삑 가는 일이 생긴다.

⑧ 좋아하는 TV 프로그램 실컷 보기!

☞ 애들 보는 만화와 마누라 보는 드라마만 보게 된다.

⑨ 동네 아줌마와 친해지기!

☞ 장보러 갈 때 많은 도움을 받는다.

⑩ 원샷 018 가입하기!

☞ 한방에 통해 끝내야 한다.

⑪ 자기만의 비밀 보관함 만들기!

☞ 가끔 반지나 시계를 풀어야 하는 경우가 생긴다.

⑫ 운전면허증 미리 따기!

☞ 더러운 성질 본색이 드러나서 최악으로 간다.

⑬ 간염 예방 접종하기!

☞ 미성년자 땜에… 몰라도 된다.

⑭ 스트레칭 열심히 하기!

☞ 무리 없는 자세가 나온다.

⑮ 바이킹이나 번지점프로 담력 키우기!

☞ 밤이 무섭지 않게 된다.

⑯ 가정상비약에 쥐약 추가하기!

☞ 처음에는 팔뚝에 쥐가 자주 난다.

⑰ 핸드폰 전화 절대 안 바꾸기!

☞ 뜻밖의 첫사랑에게서 연락이 오는 기막힌 일이 생긴다.

⑱ 빨간색 와이셔츠 준비하기!

☞ 립스틱 자국이 사람 팔자를 바꿀 수 있다.

⑲ 스페어 슬리퍼 준비하기!

☞ 한 달에 한 번(?) 이상 꼭 필요하다.

⑳ 에너자이저 능가하는 풋~샵하기!

☞ 뭐니뭐니해도 그래야 대접 받는다.

(2) 청소년용 난센스 퀴즈

1. 립스틱을 가장 많이 먹는 사람은?　　(진한 화장을 하는 여자의 남편)

2. 법이 없이도 살 수 있는 사람은 착한 사람이다. 그러면 법이 없어야 사는 사람은?　　(사형수)

3. 문어의 손과 발을 구별하려면?　　(몽둥이로 머리를 때려서 올라오는 것이 손)

4. '깡패'의 말뜻은?　　(깡다구 부리다가 패가망신한 놈)

5. 가장 급하게 만들어 먹는 떡은?　　(헐레벌떡)

6. 이구동성이란?　　(코를 풀면서 방귀뀌기)

7. 다리가 굵은 여인이 물에 발을 담고 있으면?　　(동치미)

8. 못생긴 여인의 계란 마사지 장면은?　　(호박전)

9. 찜찜한 것과 황당한 것의 차이는?　　(찜찜 - 똥 누려 하는데 방귀만 나올 때, 황당 - 방귀 뀌려 하는데 똥 나올 때)

10. 대령이 좋아하는 노래?　　(저 별은 나의 별)

11. 음치의 7가지 조건?　　(음정 무시, 박자 무시, 가사 무시, 관중 무시, 자아도취, 오기로 2절까지, 부모가 음대와 치대를 나와야 한다)

12. '독도는 우리 땅'이라는 노래는 5절까지 있다. 더운 여름날 가수가 노래 한 절이 끝날 때마다 옷을 하나씩 벗었다. 5절까지 다 부른 후의 가수의 모습은?　　(퇴장하여 무대 뒤에 있다)

13. 안경이 들어가 있으면 안경집, 모래가 들어가 있으면?　　(닭똥집)

14. 벼락부자가 되려면 무슨 장사를 해야 하나?　　(피뢰침 장사)

15. 떼돈을 벌려면?　　(목욕탕을 한다)

16. 법적으로 바가지요금을 받아도 되는 사람은?　　(바가지 장사)

17. 돈을 벌려면 자주 망쳐야 되는 사람은?　　(어부-그물)

18. '당황' '황당' '오기'의 관계는?

　　(당황 : 트럭 뒷바퀴에 오줌을 누는데 갑자기 트럭이 떠날 때

　　　황당 : 트럭이 후진할 때

　　　오기 : 트럭이 떠나면 좇아가면서 오줌을 눈다)

19. 이 세상에서 가장 강한 것 두 가지는?

　　(수염 : 철판 같은 남자의 얼굴을 뚫고 나오니까

여자의 얼굴 : 철판을 뚫는 수염이 뚫지 못하니까)

20. '오리지날'이란?　　(오리도 지랄하면 날 수 있다)

21. 돼지가 왜 꽁지를 흔드는가?　　(꽁지가 돼지를 못 흔드니까)

22. 63빌딩 옥상에서 아버지와 두 아들이 떨어졌는데 3명 모두 살았다. 죽지 않고 산 이유는?　　(아버지-제비족, 큰아들-비행 청소년, 작은아들-덜 떨어진 놈)

23. 세계에서 가장 **빠른** 차는?　　(뺑소니차)

24. 소변금지 구역에서 대변을 보면?　　(무죄)

25. 공부해서 남 주는 사람은?　　(교사)

26. 죽었다 깨어나도 못하는 것은?　　(죽었다 깨어나는 것)

27. 흑인과 백인 사이에 태어난 갓난아이의 이빨 색은?　　(이빨이 없다)

28. '훔치다'의 과거형은 '훔쳤다'이다. 미래형은?　　(형무소)

29. 천재 남편과 백치 아내 사이에서 태어난 아이는?　　(갓난아이)

30. 세계에서 굶는 사람이 가장 많은 나라는?　　(헝가리)

31. 세계에서 옷을 가장 잘 해 입고 다니는 나라는?　　(가봉)

32. 세계에서 기형아가 가장 많이 태어나는 나라는?　　(네팔)

33. 물가 상승과 관계없이 깎아 주는 곳은?　　(이발소)

34. 몸에서 돌보다 단단한 곳은?　　(머리카락-돌을 뚫고 나오니까)

35. 몸에서 쇳덩어리보다 강한 것은?　　(수염-철면피를 뚫고 나오니까)

36. 나는 참새와 독수리의 정면충돌은 무슨 현상?　　(보기 드문 현상)

37. 승용차와 8톤 트럭이 정면충돌하여 8톤 트럭이 뒤집혔다. 이런 것을 뭐라고 하나?　　(교통사고)

38. 연인끼리 보트를 타다가 물에 **빠졌다**. 남자는 가라앉아 죽었고 여자는 위로 떠올라서 살았다. 이유는?　　(남-돌대가리, 여-골빈 여자)

39. '고추잠자리'를 2자로 줄이면?　　(팬티)

40. '방귀'를 정의하는 학자간의 견해 차이?

　　(음악가- 큰창자 작사, 작은창자 작곡, 십이지장이 노래하는 "죽피리는 왜 우는가?"

　　심리학자- 내적 갈등에 대한 외적 표현

　　씨름선수- 밀어내기 한판)

41. 펜 하나로 정복할 수 있는 고지는?   (원고지)

42. 순전히 재수로 한몫 보는 곳은?   (재수생 학원)

43. 코끼리 2마리가 서로 싸워 둘 다 코가 떨어져 나갔다면?   (끼리끼리)

44. 차마 눈뜨고는 볼 수 없는 여자는?   (꿈속의 여자)

45. 노처녀와 결혼한 노총각의 취미는?   (폐품수집)

46. 때리는 사람들만 사는 나라는?   (칠레)

47. 암캐와 수캐가 같이 놀다가 암캐는 미용실로 가고 수캐는 이발소로 들
    어갔다. 왜 그랬을까?   (암캐-미용실집 개, 수캐-이발소집 개)

48. 코끼리를 냉장고에 집어넣는 2단계 방법은?

    (1단계 - 냉장고를 코끼리에게 먹인다.

    2단계 - 코끼리를 까 뒤집는다.)

49. "할아버지 발은 큰 발이다"를 4자로 줄이면?   (노발대발)

50. 'KISS'를 문법의 품사로 보면 어떤 품사?   (접속사)

(3) 어린이용 난센스 퀴즈

1. 병균들 중에서 가장 계급이 높은 병균은?   (대장균)

2. 흑인들은 검정색을 무슨 색이라고 하나?   (살색)

3. 길이가 2km나 되는 발은?   (오리발)

4. 대머리의 머리와 얼굴의 한계는?   (세면할 때 비누칠하는 곳까지)

5. 위에서 아래로 자라는 것은 고드름이다. 제멋대로 자라는 것은? (여드름)

6. 소변과 대변 중 어느 것이 먼저 나오나?   (급한 것)

7. 눈 오는 날만 일하는 사람은?   (안과 의사)

8. 일요일을 거꾸로 하면 일요일이 된다. 그렇다면 쓰레기통을 거꾸로 하
   면?   (쏟아진다)

9. 돼지가 열 받으면 어떻게 되나?   (바비큐)

10. 장님도 볼 수 있는 것은?   (꿈)

11. 발바닥 가운데가 움푹 패인 이유는?   (지구가 둥그니까)

12. '보통'의 반대말은?   (곱빼기)

13. 인도 땅덩어리보다 꼭 4배가 더 큰 나라는?   (인도네시아)

14. 우리나라에서 가장 오래된 화장실은?   (전봇대)

15. 허수아비의 아들 이름은?   (허수)

(4) 기 타

1. 1부터 100까지의 숫자 중에서 9자는 몇 번 들어갈까?   (20번)

2. 지하철 한량의 문은 모두 몇 개?   (10개)

3. 다음 중 술이 아닌 것은?   (④)

   ① 소주   ② 양주   ③ 맥주   ④ 전원주

4. 목욕탕을 가는 남자를 3자로 줄이면?   (때 낀 놈)

5. 목욕탕을 갔다 온 남자를 4자로 줄이면?   (아까 그놈)

6. 비 오는 날 빗자루 들고 마당을 쓰는 여자를?   (쓸데없는 년)

7. 아몬드가 죽으면?   (다이아몬드)

8. 엄마가 애 낳다 죽으면?   (다이애나)

9. 얼음이 죽으면?   (다이빙)

10. 소금이 죽으면?   (죽염)

11. 아이스크림이 죽으면?   (다이하드)

12. 임꺽정이 타고 다니는 차는?   (으라차차)

13. 가제트 형사의 성은?   (마징)

3. 감성지수 퀴즈

1. 달과 태양과 지구를 가격으로 환산한다면?

   답 : 10,700원 (보름달빵 200원, 태양담배 500원, 지구는 만원! 우와~~도대체 언제
   적 가격이죠?)

2. 하늘의 별은 정확하게 모두 몇 개일까요?

   답 : 959개 (동서남북 방위마다 별이 빽빽(100+100)하게 있으니까 200×4(방위)=800
   개
   동서남북 방위사이사이마다 별이 스믈스믈(20+20)하게 있으니까 40×4=160개
   그럼, 총 800+160=960개 그런데 예전 오란씨 CF송을 들어보면 "하늘에서 별을
   따다~~"에서 별을 하나 따갔으니까 960-1=959개!!)

3. 이 사진의 사람은 누구일까요?

   (1) "이 사진의 아버지는 내 아버지의 아들이다."   답 : 아들

   (2) "이 사진의 아들은 내 아버지의 아들이다."   답 : 아버지

4. 어린이날 아버지가 아들의 손을 꼭 잡고 어린이대공원에 가려고 버스에
   탔다. 그런데 정거장에서 내리기 직전에 갑자기 이 아버지와 아들이 부둥
   켜안고 울었다. 왜 그랬을까?

   답 : 자동문 문구 때문(부자가 울면 문이 열립니다.)

5. 한 사람은 리어카를 앞에서 끌고 한 사람은 뒤에서 밀고 가는데 지나가는
   사람이 앞사람에게 "뒤에서 미는 사람이 아들입니까?"라고 물으니
   "예"라고 대답했다. 그래서 뒷사람에게 "그럼 앞에서 미는 사람이 아버지
   입니까?" 물었더니 "아니오." 하고 대답했다. 어떻게 된 걸까?

   답 : 앞에서 끄는 사람은 뒤에서 미는 사람의 엄마다!

6. 인도에는 뭐든지 넣고 돌리면 2배가 되는 맷돌이 있었다. 한 사람이 자기
   가 가진 돈을 넣었더니 정말로 2배가 되었다. 그리고 맷돌 사용료 6000
   원을 냈다.

그리고 두 번째로 돈을 넣어 2배를 챙기고 또 사용료 6000원을 냈다. 마지막으로 돈을 넣어 2배의 돈을 챙기고 또 사용료 6000원을 냈다.

그랬더니 이 사람의 돈은 0원이 되었다. 이 사람이 처음에 가진 돈은 얼마였을까? 답 : 5,250원 (거꾸로 계산해 나가면 된다.)

7. 한 목동이 양 90마리를 데리고 다른 지역에 풀을 먹이러 가는데 강이 나왔다. 강을 건너기 위해 배를 타는데 이 배는 양 90마리를 다 태울 수 있다.

그러나 사공은 이 배로 한 번 건널 때마다 자기가 가진 것의 반을 삯으로 내야 한다고 한다. 어떻게 하면 이 목동은 양 45마리 이상 데리고 강을 건너갈 수 있을까?

답 : 양 60마리를 데리고 건넌 후에 사공이 삯으로 30마리를 내놓으라고 하면 건너편에 두고 온 양 30마리를 가지라고 하면 된다. (머리 좋~~다!)

8. 미국의 돈은 달러, 일본의 돈은 엔화, 한국은 원이다.

그럼, 호주사람이 쓰는 돈은? 호주머니, 제비가 좋아하는 돈은? 아주머니, 도둑이 좋아하는 돈은? 슬그머니, 계란 산 돈은? 답 : 에그머니!

9. 마징가 최대의 무기는 ?

답 : 낫 (낫하나면〈나타나면〉 모두가 벌벌벌 떠네~~~)

10. 하루 중 가장 몸무게가 적게 나가는 때는?

답 : 깜짝 놀랐을 때 (간이 콩알만해지니까)

11. 우리가 먹는 파를 마구 두들기면 뭐가 될까?

답 : 홍난파(혹이 난 파)

12. 새 중의 진짜 새는? 참새, 육감이 빠른 새는? 낌새, 주관성이 없는 새는? 글쎄, 수출하는 새는? 관세, 노래 잘해 돈 버는 새는? 답 : 이문세

13. 여자가 엉덩이가 큰 이유는?

    답 : 요강에 빠지지 않기 위해서(역시 옛날 퀴즈 답죠?)

14. 못사는 사람이 많을수록 잘사는 곳?   답 : 철물점

15. 항상 말다툼을 하는 곳?   답 : 경마장

16. 돈을 받은 만큼 몸을 허락하는 것?   답 : 공중전화

17. 누룽지를 영어로 하면?   답 : 바비 브라운

18. 펭귄신발?   답 : 빙신

19. 어부가 싫어하는 가수는?   답 : 배철수

20. 조용필 노래 '미워미워미워'를 세 글자로 줄이면?   답 : 셋 다 미워

21. 터져서 좋은 것?   답 : 웃음보

22. 노총각, 노처녀가 결혼을 못하는 이유?   답 : 동성동본이니까(노씨)

23. 소가 제일 무서워하는 말?   답 : 소피보러 간다

24. 씨암탉의 천적은?   답 : 사위

25. 아기가 태어나자마자 우는 이유는?   답 : 밥줄(탯줄)이 끊겨서

26. 소주는 25도, 맥주는 5도, 막걸리는 4도, 청하는 12도, 양주는 40도…
모두 합하면?   답 : 졸도

27. 코에 파리가 들어갔을 때 대처요령?

    답 : 1단계- 숨을 들이마신다, 2단계-"칵~~~", 3단계-"퉤" 뱉는다.

28. 만약에 사람코가 거꾸로 붙었다면 좋은 점과 나쁜 점?

    답 : 좋은 점 - 콧물이 안 나온다, 나쁜 점- 비가 들어온다.

29. 만약에 사람에게 코가 없다면?

    답 : 1. 여자 꼬시기가 쉬워진다(콧대 세울 일이 없으니까).

       2. 촌놈이 서울 올라와 눈감고 다녀도 된다(서울은 눈뜨고 다녀도 코 베가는
          곳이라니까).

       3. 재수 없는 놈이 뒤로 넘어지면 뇌진탕만 걸린다.

4. 알쏭달쏭(착각) 퀴즈

1. 소설가는 소설을 쓰고, 시인은 시를 쓰고, 주부는 가계부를 쓴다. 그렇다
   면 야구선수는 무엇을 쓸까요?
   ① 안타　　　　　② 모자　　　　　③ 장갑

2. 비가 올 때는 빗소리, 총을 쏠 때는 총소리, 종을 칠 때는 종소리가 난
   다. 그렇다면 전축을 틀 때 나는 소리는?
   ① 축소리　　　　② 말소리　　　　③ 판소리

3. 국을 엎으면 논, TV를 엎으면 소, 문을 엎으면 곰이 된다. 그렇다면 몸을
   거꾸로 엎으면 무엇이 될까요?
   ① 몸자　　　　② 물구나무서기　　③ 다이빙

4. 새가 사는 곳은 둥지, 돼지가 사는 곳은 우리, 소가 사는 곳은 외양간이
   라고 한다. 그렇다면 쥐가 사는 곳은?
   ① 구멍　　　　　② 조롱　　　　　③ 곳간

5. 봄, 가을에 입는 옷은 춘추복, 여름에 입는 옷은 하복, 겨울에 입는 옷은
   동복이라고 한다. 그렇다면 사계절 다 입는 옷은?
   ① 작업복　　　　② 기성복　　　　③ 팬티

6. 암말이 낳는 것은 망아지, 암캐가 낳는 것은 강아지, 암소가 낳는 것은
   송아지이다. 그렇다면 암탉이 낳는 것은 ?
   ① 병아리　　　　② 계란　　　　　③ 당나귀

7. 우각은 소의 뿔, 녹각은 사슴의 뿔, 양각은 양의 뿔이다. 그렇다면 마각은 ?
   ① 말의 뿔　　② 해마의 뿔　　③ 말의 다리

8. 도둑 물건을 사는 아비는 장물아비, 부인 없이 혼자 사는 아비는 홀아비, 황금들판 지키는 아비는 허수아비이다. 그렇다면 팔아먹고 얻어먹는 아비는?

   ① 기럭아비   ② 함진아비   ③ 돌하루방

9. 한국의 국기는 태극기, 미국의 국기는 성조기, 일본의 국기는 일장기이다. 그렇다면 영국의 국기는 무엇일까요?

   ① 유니언잭   ② 미국기   ③ 블랜드

10. 차를 잡는 사람은 교통순경, 차를 고치는 사람은 정비사, 차를 모는 사람은 운전사이다. 그렇다면 차를 끓이는 사람은 누구일까요?

    ① 교통 통신원   ② 다방 주방장   ③ 카레이서

11. 성냥에 켠 불은 성냥불, 전등에 켠 불은 전깃불, 등잔에 켠 불은 등잔불이다. 그렇다면 벌레에 켠 불은?

    ① 호롱불   ② 반딧불   ③ 등대불

12. 자살의 반대말은 살자, 타자의 반대말은 안타, 달타의 반대말은 주타, 그렇다면 미소의 반대말은?

    ① 울상   ② 당기소   ③ 추악

13. 비밀스레 쓰는 속된말은 비속어, 버릇이 되어 늘 쓰는 말은 상투어, 사람들이 두루 쓰는 서울말은 표준어이다. 그렇다면 천연기념물로 지정된 제주말은?

    ① 사투리   ② 당나귀   ③ 조랑말

14. 자수 많이 내기는 자치기, 씨가 많은 내기는 감치기, 구멍 크기 내기는 엿치기이다. 그렇다면 먹고 살기 위한 내기는?
    ① 모내기   ② 새내기   ③ 뜨내기

15. 열매이름인 떡은 가래떡, 벌레이름인 떡은 빈대떡, 그릇이름인 떡은 시루떡이라고 한다. 그렇다면 나무이름인 떡은?
    ① 절편   ② 호떡   ③ 송편

16. 곰쓸개를 말리면 웅담, 감을 말리면 곶감, 조기를 말리면 굴비가 된다. 그렇다면 바닷물을 말리면 ?
    ① 수염   ② 소금   ③ 염소산

17. 견이 낳은 새끼는 강아지, 우가 낳은 새끼는 송아지. 마가 낳은 새끼는 망아지이다. 그렇다면 돈이 낳은 새끼는?
    ① 도야지   ② 돈아지   ③ 이자

18. 축구선수는 공을 차고, 걸인은 깡통을 차고, 범죄자는 수갑을 찬다. 그렇다면 보통사람은 무엇을 찰까요?
    ① 안경   ② 시계   ③ 반지

〈정답〉

1. ②	2. ③	3. ②	4. ①	5. ③	6. ②	7. ③	8. ②	9. ①	10. ②
11. ②	12. ②	13. ③	14. ①	15. ③	16. ②	17. ③	18. ②		

제3부 민속놀이

제 15 장 민속놀이와 개인놀이

제15장

민속놀이와 개인놀이

1. 놀이의 기원

고대 원시사회에서는 공동노동에 기초한 생활이었기에 생활과 놀이가 일치되어 있었다. 삶이 곧 놀이요, 놀이가 삶이었다. 놀이는 노동에서 오는 피로, 인간끼리의 갈등, 자연의 두려움을 해소하는 방안으로 일과 함께 있었다.

인간의 놀이가 동물의 놀이와 다른 가장 큰 이유는 바로 일과 놀이가 결부되었다는 점이다. 놀이의 역사를 동물적인 속성으로만 파악하는 것은 커다란 잘못이다. 놀이는 반드시 일–생산관계와 결부되어 파악되어야 한다. 원시공동체에서 노동력의 분화발전은 노예제라는 경제구조를 낳게 되었다. 이때부터 놀이는 일과 분리되었고 건강성을 잃어 갔다. 고대 로마제국에서 행해진 많은 놀이는 갈등의 해소가 아니라 퇴폐와 향락을 추구하는 방편으로 이용되었다. 게다가 노예라는 신분의 사람들은 놀이(문화)를 향유할 수 없었고 일에 묶여 있었다. 이때는 놀이(문화)가 건강성을 잃어가면서 발전은커녕 왜곡된 형태로 나타나 '놀이의 암흑기'라 할 수 있다.

조선조는 봉건제로 대표되는데 초기에는 '국중 수륙제'라 하여 왕이 친히 온 백성과 축제를 벌였다. 그러나 후기에는 엄격한 사회적 신분(반상제도)의 차이에 따라 놀이를 달리하는가 하면 대동놀이와 같은 대중 집회를 통제하기에 이른다. 이와 같은 시대를 "놀이의 통제시대"라고 한다.

생산력의 발전은 봉건제도를 타파하고 자본주의 경제구조로 발전한다. 자본주의는 자본가에 의한 생산수단의 독점과 노동력을 팔아 살아가는 노동자라는 기본 구조를 가지고 있다. 자본주의에서 자본가는 생산량을 높이기 위해 노동자의 놀이 기회를 강제로 제한하거나 심지어 전래하는 명절까지도 생산일정에 따라 자리바꿈을 하거나 무시해 버린다. 놀이를 제공하는 경우도 대량으로 생산된 상품을 판매하기 위하여 노동자의 놀이를 소비적인 방향으로 유도한다. 이런 시대의 필요에 의해서 만들어진 대표적인 놀이문화가 레크리에이션 문화이다. 이후 짧은 시간에 효과적으로 피로를 제거하는 방안으로 지도자 중심의 레크리에이션으로 발전되었다. 집권자들은 국민의 정치적 무관심을 유도하기 위해 대중매체를 이용하여 의도적으로 놀이를 조작하여, 이를 '놀이 조작시대'라고 부른다.

우리나라 놀이의 역사를 살펴보면 일제의 강점기를 빼놓을 수 없다. 일제는 무력을 동원해가면서 우리 민중들의 공동놀이를 탄압하였다. 편싸움과 장치기 등의 패놀이가 벌어졌을 때에는 일본 경찰이 총칼로 막을 수 없어서 대포까지 쏘아 해산시킬 정도였다고 한다. 심지어 1937년 중일전쟁시기엔 비상시기라는 미명 아래 민중대회를 금지시켰다. 이때는 '놀이 탄압시대'라고 할 수 있다.

다음, 일제의 놀이잔재가 청산되지 않은 가운데 미군들을 통해 들어온 서구의 저속한 놀이들이 상업주의와 영합하여 '놀이 모방시대, 놀이 상품화시대'를 열었다.

최근 텔레비전의 프로야구 등 각종 스포츠 중계, 전자오락기기 등의 범람으로 인해 우리의 민속놀이는 점차 빛을 잃어가고 있으므로 우리 민속놀이의 계승과 유지는 필요하다고 할 수 있다.

2. 민속놀이

전통사회에서 놀이는 인간의 생계수단과 관련이 있는 행위와 일에 해당되는 활동을 제외한 신체적·정신적 활동의 모든 것을 일컫는다. 특히 민속놀이는 민속사회에서 민중에 의해 전승된 놀이를 가리킨다. 놀이의 행위는 생활상의 이해관계를 벗어나서 자발적으로 참여하는 비일상적 활동으로서 그 나름대로 재미가 있어야 하고 다른 사람들을 끌어 들이는 공감력이 있어야 하며, 모든 제한으로부터 일탈시켜 주는 자연스러움과 놀이 주체의 자발적인 참여가 보장되어 있어야 한다.

민속놀이는 민속유희, 민속오락, 민속경기, 민속예능 등 다양한 측면과 맞물려 있는데 이는 민간전승 과정에서 점점 축적되어 다층적·다면적 성격을 반영하기 때문이다. 민속놀이는 오랜 세월 동안 민속사회에 전승되어 온 놀이로서 강한 향토성을 띠는 동시에 대부분 민간제의의 요소가 두루 포함되어 있다. 그러나 오늘날 민속놀이는 신성한 세계를 지향하는 오락 기능만 부각되고 있다.

1) 민속놀이의 정의

민속이란 그 민족이 소유하고 있는 생활양식을 말하며, 민간에서 발생하여 민간에 전해 내려오는 놀이(한국민속대사전, 1991)를 민속놀이라 한다. 한 민족 또는 한 지방을 단위로 실제 사회 생활의 필요에 의해서 시작되어 역사적 유래를 갖고 전승·발전되어 온 집단적인 건전한 신체 문화를 일컫는다(한양순, 1987). 국어사전에는 민속놀이를 '각 지방의 풍속과 생활 모습이 반영된 민간에 전하여 오는 놀이'라고 정의하고 있다.

민속놀이는 '우리 조상들의 얼과 슬기, 생활모습, 풍습 등의 발자취를 더듬어 볼 수 있는 역사적인 소산물로서 전승·발전해 내려오는 놀이'로 그 가지 수를 모두 헤아리기는 어려우나 150여 가지로 추정하며, 우리나라 민속놀이는 대부분 설날·정월대보름·단오·한가위 등 4대 명절에 집중되어 있다. 이러한 전래놀이는 전국에서 행하는 국중(國中)놀이, 일부 지역에서만 행하는 향토놀이, 황해도와 강원도 북부를 경계로 하여 이남에서 행해지는 남부놀이, 이북에서 행하는 북부놀이로 나누기도 한다. 그러나 놀이의 내용은 거의가 풍작을 기원하는 것이다.

한편 전통놀이는 대개 민속놀이와 동일한 뜻으로 사용하는 말이지만 엄격히 말하자면 큰 차이가 있다. 전통놀이는 놀이 생성 과정에서 볼 때 원형에 해당하며 최초로 생겨날 때 그 골격을 지닌 놀이를 일컫는다. 민속놀이는 전통놀이가 계승되면서 변모한 형태를 포함한다(김종만, 1993).

2) 민속놀이 전승과정

민속놀이의 변화와 분화 과정은 점차 집단생활이 정착되고, 사회가 변함에 따라 다양한 내용과 방향으로 발전하였을 것으로 보인다. 근본적으로는 몸짓을 중심으로 발달한 흉내와 춤, 소리를 중심으로 발달한 노래와 음악 등은 각기 따로 발생했을 것이라는 추측이 유력하다.

그러는 가운데 특정한 기능에 익숙한 놀이꾼들이 생겼을 것이며, 그들은 다른 일을 하지 않고 자신의 재주를 통해서 살 수 있는 전문적 익살꾼인 '노릇바치'로 변했을 것이다. 그러다가 어느 한 시기에 이들과 집단 구성원들이 볼거리나 즐거운 것에 대한 공통적인 관념이나 신앙적 이념에 의해 표현양식이 통일되거나 세련되면서, 종합적인 놀이의 구성으로 변했을 것으로 보인다.

우리나라에서 오랜 역사를 갖는 토속신앙류인 무속에서 굿을 하는 것을 흔히 '논다'고 표현한다. 이것으로 미루어 보아, 놀이에 신앙성이 깃들기 시작한 것을 '굿'이라고 불렀던 것 같다. 이로서 놀이는 일정한 의례절차와 음악, 노래, 몸짓 등이 미분화된 원시종합예술을 형성하게 된 것이다.

6세기 초에 저술된 《삼국지》, 《위지 동이전》에 나타나는 부여의 영고(迎鼓), 동예의 무천(舞天), 고구려의 동맹(東盟), 한(韓)의 천군(天君) 등과 같은 국중(國中)대회에 대한 설명에서 그 성격을 짐작할 수 있다. 농사가 시작되고 끝나는 시기에 열리고, 무리를 지어 술을 마시고 노래하고 춤을 추었다고 하는 내용으로 보아, 아마도 당시의 중요한 생계수단이었던 농사나 사냥이 잘 되게 해달라는 축원의례와 함께 그 성공을 보장하는 모의농경과 모의사냥이 이 대회의 중요한 줄거리였을 것이다.

초기의 놀이는 다음과 같은 세 종류의 원인에 의해 점차 변화하게 된다.

첫째, 밭농사나 사냥에 의한 생활에서 논농사를 중심으로 한 농경기술의 변
　　　화에 따라,
둘째, 지배계층이 도교나 불교, 또는 유교와 같은 외래사상을 받아들여 새로
　　　운 통치이념으로 삼게 되면서
셋째, 예측하지 못한 역사적 사건에 의해 새로운 사회제도가 등장하게 됨에
　　　따라 변화하는 것이다.

따라서 점차 놀이의 신앙성이 쇠퇴하고 남자 어린이·여자 어린이·남자·여
자·놀이패 등과 같이 특정한 놀이를 전담하는 집단이 분화되거나, 혹은 실내
와 야외 등과 같은 놀이공간도 분화되었을 것이다. 고대 국중(國中)대회의 전통
은 통일신라시대에는 불교이념을 바탕으로 한 팔관회로 이어졌으며, 고려시대
에는 팔관회와 연등회와 같은 불교행사로 계승되었고, 유교를 통치이념으로 삼
은 조선시대에 들어서는 17세기 중엽 인조 때 폐지될 때까지 궁중의 산대잡극
등으로 계승되었다가 그 후 완전히 민간의 놀이로 변한 것으로 보인다.

이러한 변혁기를 거쳐 옛 놀이는 구식으로, 새 놀이는 신식으로 불려 구분되
거나, 혹은 일부 계층(반상제도 등)의 놀이로 분화되어 일정한 기간 동안 공존
하게 된다. 이렇게 하여 놀이는 끊임없는 변화와 창조, 잔존을 통해서 역사적
으로 축적되고, 동시에 공존하면서 일상생활의 한 부분을 이루어 삶을 바람직
하게 영위하는 방법, 즉 생활문화를 형성해 왔던 것이다. 예컨대, 쌀이 주식으
로 바뀜에 따라 논농사를 중심으로 한 새로운 놀이가 등장하게 되었고, 이에
따라 밭농사와 사냥을 흉내내던 놀이는 구식놀이로 남아 공존하게 되는 것이
다. 이러한 원리는 과거의 사회제도와 통치이념에 의해서 형성된 놀이들에도
그대로 적용된다.

옛날의 군사제도나 훈련 또는 활동은 술래잡기, 기마전, 격구 또는 진놀이
등과 같은 놀이나, 군악에 의한 진법훈련에서 농악 진법놀이와 같은 놀이로 변
했을 것으로 추측된다. 또한 새로운 통치이념으로 도교와 불교, 유교가 도입됨
에 따라 정책적으로 바둑이나 승경도 놀이 등과 같은 새로운 실내놀이가 등장

하였고, 이에 따라 그 이전에 주류를 이루었던 야외 국중(國中)대회의 집단적 놀이는 부차적인 위치로 전락하게 되었을 것이다. 또한, 이 집단적 놀이형태는 국중(國中)대회가 열렸던 수도에서 멀리 떨어진 일부 변두리 지역이나 특정한 사회집단의 민속이나 놀이로 전환하게 되었을 것이다.

따라서 현재 마을의례와 함께 벌어지는 대동놀이와 같은 형태가 아니면, 강강술래와 같은 여성들만의 집단놀이로 남아 있게 된 것으로 추측된다. 이와 같이 놀이는 하나의 성인 남녀집단과 같은 공동 노동집단이나 집, 마을과 같은 독립된 생활단위를 통해서 전승되는 생활문화의 일부로 바뀌었다.

이는 지금까지 전하는 전통놀이의 내용을 통해서도 증명할 수 있다. 그 가운데 상당한 부분이 베짜기와 같은 과거 구식생활의 모습을 나타내거나, 탈춤과 같은 놀이패의 집단놀이에서는 과거의 사회계층이나 신분제도 사이의 사회적 갈등을 숨김없이 드러내어 비판하기도 하고, 편싸움이나 차전놀이 등과 같이 무리를 나누어 겨루거나 싸우는 군사활동의 성격을 띠기도 한다.

여기에서 전통놀이의 기원과 발달에 대한 근거를 쉽게 유추해 낼 수 있다. 이러한 놀이들의 형태는 산업사회를 거쳐 정보화 사회에 이르기까지 전승되면서 동화되고 시대화되어졌지만 지금까지도 여전히 그 의미와 성격 속에는 우리의 민족성이 살아 숨쉬고 있다.

놀이는 원래 민간의 종교 신앙행사의 한 부분으로 베풀어지던 예능적 행위였기도 한다. 신에게 무사태평과 오곡의 풍성을 기원하는 단계에 신의(神意)를 탐지하고자 하거나 신을 즐겁게 하고자 하거나 신의 행위를 모방, 재연코자 하는 행위들이 성대하고도 엄숙하게 거행되었다. 신의(神意)의 개선, 신의에 감사하는, 신의를 즐겁게 하는 주술적 행위들이 자연스럽게 표출되었다.

부여의 영고(迎鼓), 동예의 무천(舞天), 고구려의 동맹(東盟), 한(韓)의 천군(天君) 등 5월제, 10월제 따위의 제천(祭天)행사는 곧 고대 부족국가 사회에 있어서의 소위 농경풍요기원 의례의 국가적 큰 제전이었다.

이때는 사람들이 무리지어 밤낮으로 술 마시고, 노래 부르고, 춤추었다 하니 그 행사의 갖가지 마당에 신의(神意)에 의지하려는 다양한 놀이가 연희되었으리라는 것은 쉽게 상상된다. 씨담그기, 묘판 만들기, 씨뿌리기, 모내기, 모심기에 따른 파종의례, 수릿날·유둣날·풋굿·기우제 등의 성장의례, 천신·추수감사제 성격 등의 수확의례 때에 인간의 원초적인 신앙에서 우러난 각종 놀이가 베풀어졌다고 보는 것이다. 그러한 사실은 옛 문헌에 나타나는 약간의 기록과 전래되어오는 놀이 속에서도 간간이 엿볼 수 있다.

이렇게 본다면 옛날에는 놀이가 제천(祭天)의례였으며, 놀이가 놀이로서 독립한 것은 훨씬 후대의 일이라고 할 수 있다. 놀이는 재미가 있어서 하는 것이고, 무료를 달래기 위하여 한다고만 볼 수가 없다. 이 쾌락추구의 욕망은 인간의 원초적인 본능으로서 이 본능이 신앙과 결부되어 각종 놀이 형태로 굳어진 것이다.

대개의 민속놀이는 그것이 주술적인 놀이이든 신체단련적인 놀이이든 풍자 또는 단순 오락적인 놀이이든 간에 원초적으로 본능 → 신앙 → 의례 → 여가의 단계를 거치며 자연 발생하여 오늘날까지 전승, 동화, 발전되어오는 것이라고 할 수 있다.

3) 민속놀이의 특징

첫째, 민속놀이는 세시풍속과 밀접하게 연관되어 있고,

둘째, 남자들은 공격적이고, 격렬한 놀이, 즉 〈치기〉와 〈차기〉 중심인 데 비해 여자들은 부드러운 손놀림과 율동적으로 짜여진 〈놀이〉와 〈뛰기〉 중심이며,

셋째, 전래되면서 그 시대의 영향을 받아 민속놀이는 남녀 놀이로 구분하기 어렵게 되었는데 이것은 관습과 성차별이 차츰 극복되고 있기 때문으로 생각된다.

넷째, 민속놀이는 시대상을 잘 반영하고 있고 억압된 삶의 양식과 왜곡된 시대의 아이러니도 엿볼 수 있는 등 그 민족성이 짙게 배어 있어 값진 문화적 유산의 가치를 내포하고 있다.

4) 민속놀이의 분류

민속놀이는 계층별, 성별, 계절별, 지역별, 도구별로 나눌 수 있으나, 놀이는 존재방식과 더불어 전승하는 측면을 강조하여 놀이의 방법에 따라 개인놀이와 집단놀이로 1차적으로 구분한다.

개인놀이는 대체로 상대성을 전체로 하여 승부 혹은 비승부를 통해 재미를 누리는 데 있다. 집단놀이는 지연 공동체의 구성원 대다수의 참여와 후원 아래 행해지는 놀이로서, 마을 중심으로 존재하고 세시풍습이나 통과의례 등 여느 행위전승과 연결되어 있다. 반면에 개인놀이의 작은 갈래는 놀이의 향유층이 지향하는 놀이의 목적에 따라 신체단련형, 모의재현형, 경합쟁취형, 다면복합형 등으로 나눌 수 있다.

3. 개인놀이

개인놀이의 존재양상은 성인과 아동 그리고 승부와 비승부 혹은 둘의 혼합 등을 고려함으로써 놀이간의 변별성과 특성을 파악할 수 있다. 성인놀이는 개인 또는 상대라는 측면에서 국한시켜 말하면, 그 내부에는 유희, 경기, 오락, 극적인 요소들이 잡다하게 혼합되어 있다. 그런데 성인계층은 일과 구분하여 놀이를 할 때에는 오락의 성격이 강하다. 오락은 여가활동의 차원에서 생리적 쾌감과 심리적 만족을 누리는 데 있다. 더구나 소수 인원의 상대놀이는 지혜, 기량, 힘쓰기로 겨루는 쪽으로 발전하여 결국에는 도박성을 띠기도 한다. 이 점이 아동놀이와 확연히 다르고, 더구나 집단놀이의 응집력 차원과는 달리 소비적 측면의 성격을 지닌다.

1) 성인중심 개인놀이

성인의 비(非)일상 세계와 달리 여가활동이 중심을 이룬다. 여가활동 자체가 놀이라는 점에서 성인층의 개인놀이는 취미와 운동 그리고 모험적 행위 등에 국한된다. 여가활동으로서 개인놀이는 의례나 생업활동보다 필요도가 당연히 낮고, 그 과정이 자유인 이상, 구속력이 별로 없으므로 임의적인 활동이고 즐거운 기분풀이인 것이다.

(1) 성인중심 개인놀이의 특징

놀이에서 남녀의 특성은 놀이의 방식에 따라 남성과 여성의 취향이 다르게 나타나는데, 주로 남성놀이가 여성놀이보다 겨루기가 부각되는 경기와 운동의 성향을 띤다. 이는 전통사회에 있어서 남성 중심의 놀이문화가 주도되었고, 여성은 닫힌 공간에서 제한적으로 놀이를 즐겼기 때문이다. 다만 여성의 개인놀이는 일정한 시기나 특수한 목적에 따라 정신적 해소의 차원에서 이루어졌다.

성인남성은 경합쟁취형 놀이가 두드러지게 나타나는데, 단순 취미의 오락에서 도박성의 내기에 이르기까지 발전하는 경우가 많다. 신체단련형 놀이는 집단놀이로 이해되는 성향을 가지고 있어 아동 중심의 개인놀이처럼 다양하지 못하다. 농경사회에서 민중의 생업활동 자체가 신체를 움직이는 노동행위이기 때문에 비(非)일상에서까지 운동을 요구하는 개인놀이가 발달하였다고 보기 어렵다. 또 모의재현형도 집단적으로 이루어지는 것이 대부분이고 개인적으로 이루어지는 경우에도 속신 관념이나 신앙의례의 일부로서 이루어지므로 부수적인 놀이로 독자성을 지니지는 못한다.

아동 중심의 개인놀이보다 성인 중심의 개인놀이가 다면복합형을 띠는 경우가 많은데, 이는 전통사회에 민중은 놀이가 기분전환의 행위에서부터 겨루기, 운동, 제의, 오락 등을 망라하는 미분화 행위전승으로서 향유해 왔다는 것을 말해준다.

(2) 성인중심 개인놀이 유형

① 신체단련형 놀이

신체단련형 놀이는 도구를 이용하는 것과 도구를 이용하지 않는 경우가 있

다. 도구를 이용하는 놀이는 운이나 기술을 요구하는 경합쟁취형의 노름놀이와
는 달리 몸기술이나 동작을 중요시하는 것이다.

숙달된 몸기술을 요구하는 도구놀이에는 널뛰기, 그네뛰기, 줄타기, 접시 돌
리기, 줄넘기, 들돌 들기 등이 있다. 비도구놀이는 도구를 이용하지 않는 경우
인데, 뜀뛰기, 씨름, 택견, 수벽치기, 팔씨름, 발차기, 뛰어내리기, 물구나무서
기 등이 그것이다.

② 경합쟁취형 놀이

성인놀이 중에서 가장 재미있는 것은 겨루기로서 무엇을 걸고 집중적으로 놀
이하는 행위다. 그만큼 놀이판은 놀이꾼의 취향에 따라 이중적으로 드러난다.
단순히 흥을 부추기고 신명을 고조시키거나 놀이 과정의 묘미에서 오는 우연에
기대는 경우가 있고, 오로지 내기의 목적을 성취하기 위해 기술과 속임 그리고
광기에 얽매여 있는 경우가 있다. 전자는 오락에 국한되는 데 비해, 후자는 도
박으로 전환되는 경우가 있다. 경합쟁취형 놀이에는 장기, 바둑, 화투, 골패,
살랭이, 곱새치기 등이 있는데, 모두 도구를 사용하는 놀이이다

③ 모의재현형 놀이

모의재현형 놀이는 집단적인 대동놀이의 형태로 전승되어 있지만, 개인놀이
에서는 놀이의 형태나 노동, 의식을 모의적으로 표출할 때 보이는 흉내놀이의
형태를 띤다. 개인이나 두서너 사람이 함께 놀이판에서 가래질하기, 방아찧기
등의 농사짓기를 흉내 내면서 풍물굿놀이를 하는 것이고, 오락을 하면서 한 해
의 풍년을 점치는 것이 있다. 전자는 제의의 성향이 강해 단순한 유희는 아니
며, 후자는 놀이의 이중성인 즐김과 바람이 동시에 나타나 있다.

굿놀이는 공동의 관심대상을 모의적으로 재현도 하고, 특정 개인이 타고난
재주나 기억력을 바탕으로 새 쫓는 소리를 부른다거나 꼽추 모습을 통해 농사
의 풍요를 기원해 보기도 하였다.

④ 다방면복합형 놀이

개인놀이 가운데 세시풍속이나 통과의례와 맞물려 복합적으로 전승되는 경우
로 특정한 날에 친척이나 가족끼리 모여서 겨루기나 장기자랑을 통해 집단의

결속이나 개인의 소망을 이루는 놀이다. 윷놀이나 연날리기, 귀신쫓기 등이 그 대표적인 놀이라고 할 수 있는데, 최근에는 본래의 의미들은 퇴색하고 단순히 오락으로만 존속하고 있다.

다면복합형 놀이의 목적은 손놀림의 재치나 기구를 효과적으로 다루는 기술을 통해 정신적 만족감, 경합의 재미, 개인적인 점복행위, 운동신경의 발달 등을 꾀하는 것이다. 예컨대 설날에 하는 윷놀이나 주사위놀이는 두 편으로 나누어 승패를 겨루어 즐거움을 누리지만 한 해의 운수를 미리 점쳐보는 의미도 있다. 쌍윷놀이나 종경도놀이는 진마판을 놓고 승패를 겨룬다. 한번 급제하여 영의정까지 오르면 그해 일년 운세를 '대길'이라 하고, 중도에 파직하면 그해 운세를 흉이라 한다.

2) 아동중심의 개인놀이

(1) 아동중심 개인놀이의 특징

아동의 세계는 그 자체가 놀이로 이루어진다고 해도 지나친 말은 아니다. 아동의 놀이는 성인과 달리 일상, 비일상의 구분 없이 평상시에 유지된다. 놀이방식은 혼자이거나 둘 이상의 상대적이거나 간혹 또래끼리 집단적으로 이루어진다. 아동의 성장과정에서 놀이는 필수적이며 놀이 자체가 신체단련이며 개인의 사회화 방식을 터득하는 교육의 장이기도 하다.

놀이의 성별 특성은 놀이의 방식에 따라 구분되나 소년아동의 놀이가 소녀아동의 놀이보다 경합쟁취형 놀이에 치중되어 있어 행동적이고 전투적 성향을 지닌다. 소녀아동의 놀이는 경합쟁취형 놀이가 적고 신체단련형 놀이나 모의재현형 놀이가 많은데, 경합쟁취형이라도 춤이나 노래를 통해 정서적 교감을 누리는 쪽으로 놀이가 발달되어 있다. 또 소년·소녀아동이 혼합되어 놀이를 하는 경우도 있고 지역에 따라 소년아동의 놀이를 소녀아동이 하는 경우도 보인다.

(2) 아동중심의 개인놀이 유형

① 신체단련형 놀이

아동놀이는 주로 운동이면서 재미있게 노는 행위라고 볼 수 있다. 아동의 상대놀이는 서서 하는 운동인 동시에 야외에서 하는 경우가 많다. 도구를 이용하는 놀이는 서서 하는 운동인 동시에 야외에서 하는 경우가 많다. 도구를 이용하는 경우에는 일정한 기량을 갖추어야 잘할 수 있다. 제기차기나 널뛰기 및 그네뛰기 등은 기능의 숙련에 따라 더 잘할 수 있고, 기량의 습득에 따른 성취감도 맛보게 된다.

② 경합쟁취형 놀이

아동의 경합쟁취형 놀이에는 고누, 종경도놀이, 공기놀이처럼 승부를 염두에 두고 상대적으로 노는 것들이 이에 해당한다. 이는 겨루기에서 오는 재미에 있다. 누구든 상대와 겨루어서 이기고자 하는 욕망으로 인하여 승리는 즐거움을 주고 다시 겨루기에 집착하게 만든다. 대부분 놀이들은 기본적으로 겨루기 형식을 지니고 있어 겨루기 요소는 놀이가 존재하는 중요한 매력 중의 하나다. 무엇을 걸고 하는 내기인 경우에는 겨루기 자체가 더 적극성을 보여주고 있다. 돈치기나 낫치기, 나무치기, 엿치기 등은 개인의 능력이나 운에 따라 기대하면서 먼저 말을 나게 하여 승리감을 느끼도록 하면서 삶의 오묘한 이치를 교육하는 데도 유익하다.

③ 모의재현형 놀이

모의재현형 놀이에는 주로 어떤 것을 변형시켜 이를 이용하거나 새로운 형상을 만들면서 노는 경우가 있다. 전자는 조형놀이로서 성인의 문화양태를 모방하는 측면이 강하고, 후자는 모형놀이로서 아동의 순수한 심리에서 발상된 측면이 강하다. 아동들은 이런 놀이를 통해 그들만의 동심세계를 표출하거나 이런 놀이의 반복을 통하여 현실을 인지하고 사회화의 눈을 갖게 되는 것이다.

조형놀이로서 두꺼비집짓기나 소꿉장난 및 풀각시놀이는 주변의 사물을 조작하여 새로운 모습을 재현함으로써 예술적 감각을 학습하고 동시에 손놀림도 익숙하게 된다. 피리 만들기, 풀물 들이기, 사람이나 동물 그리기 등도 놀이꾼인

아동들이 다시 만들고 변형하면서 그들만이 접촉하는 재미를 누리는 것이다.

4. 민속놀이의 실제

1) 가마타기

(1) 놀이의 유래

가마는 옛날 탈것의 한 가지로 작은 집같이 만들어 그 안에 사람이 들어앉도록 하였으며, 밑에 붙은 가마채를 손으로 들거나 끈으로 매고 운반하였다. 고구려 고분벽화나 신라 기와에 새겨진 그림 등으로 보아 삼국시대에 이미 사용되었던 것으로 추정되며, 지금도 전통혼례 때 남자는 말을 타고 여자는 가마를 주로 이용하고 있는데, 이 가마타기 놀이는 열 살 안팎의 소년·소녀들이 이런 가마 타는 모습을 본떠 즐겼던 놀이라고 한다.

가마타기

가마타기 놀이가 전라남도 지방에서는 강강술래의 부수 놀이로 행해지기도 하였고, 우리나라 어느 고장에서나 가마타기 놀이를 즐겼다고 한다. 흥을 돋우는 놀이로 실구대소리 노래에 맞춰 즐기는 손가마 놀이도 있다.

(2) 놀이 방법

① 가위 바위 보를 해서 가마꾼과 탈 사람을 정한다.
② 가마꾼이 되면 손목끼리 엮어 가마를 만들고 가위 바위 보로 정해진 사람이 가마를 먼저 탄다.
③ 위에 탄 사람은 땅에 떨어지지 않도록 손으로 가마를 만든 사람의 어깨를 양손으로 잡는다.
④ 가마꾼과 탈 사람을 번갈아가며 반환점을 돌아오는 릴레이 게임으로 즐길

수 있다.

(3) 놀이 효과

① 놀이를 통하여 협동 단결심과 지구력을 기른다.
② 규칙과 질서를 지켜 명랑하게 놀이하는 태도를 기른다.

(4) 유의할 점

땅에 떨어뜨리면 위험하므로 안전하게 놀이하도록 지도한다.

2) 기차놀이

(1) 놀이의 유래

기차놀이의 기원과 유래는 확실하지 않으나 새끼줄을 길게 묶어서 그 안에 들어가 놀이를 한 것으로 보아 농경문화 사회에서 파생된 놀이로 볼 수 있으며, 특히 기차가 우리나라에 들어온 이후에 본격적으로 놀이화한 것으로 추정할 수 있다. 따라서 기차놀이는 그 역사가 그리 길지 않다고 볼 수 있다.

기차놀이

(2) 놀이 방법

▶ **준비물** : 새끼줄이나 노끈 또는 동아줄 10m 정도

▶ **방 법**

① 사람 수에 맞게 새끼줄이나 나일론 끈의 양쪽 끝을 적당한 길이로 묶는다.

② 가위 바위 보를 하여 이긴 사람이 기관사가 되어 맨 앞에 선다.

③ 다른 사람들은 기관사 뒤에 한 줄로 서서 양손으로 새끼줄을 잡는다.

④ 각자 자기가 내릴 역을 정하고 여러 곳에 역을 만든다.

⑤ 일정한 지점에 만든 광주, 남광주, 송정리, 효천, 나주, 영산포 등의 역에 도착할 때마다 기관사가 "여기는 광주역입니다. 내릴 손님은 빨리빨리 내려 주세요." 하는 식으로 말을 하면, 그곳을 목적지로 정한 사람은 얼른 새끼줄에서 빠져나와 내려서 기차가 다시 올 때까지 기다린다.

⑥ 위와 같은 방법으로 정해진 지점을 계속 돌면서 반복하며, 달릴 때에는 '칙칙폭폭' 하는 기차 소리를 함께 내면서 달린다.

(3) 놀이 효과

① 여러 명이 하나의 새끼줄 묶음 속에 들어가서 놀이를 하는 과정을 통해, 사회성과 협동정신을 기를 수 있다.

② 야외에서 많은 거리를 호흡을 맞춰 뛰는 과정을 통해, 지구력을 기르고 튼튼하고 건강한 심신의 발달을 꾀할 수 있다.

③ 차례차례 내리고 타는 경험을 통하여 교통질서 의식을 기를 수 있다.

(4) 유의할 점

① 새끼는 튼튼하고 깨끗한 것으로 사용하며, 도시에서는 가는 나일론 끈이나 포장끈 등을 이용할 수도 있다.

② 교통사고를 비롯한 안전사고의 위험이 없는 장소에서 놀이를 할 수 있게 한다.

③ 간혹 중간에 넘어진 어린이를 방관하고 끌어서 부상을 당하지 않도록 특히 주의해야 한다.

④ 놀이가 끝난 후에는 반드시 손을 씻게 하고, 놀이 용구의 뒷처리를 잘 할 수 있게 한다.

3) 말타기

(1) 놀이의 유래

말을 탄다는 것은 출세를 의미한다. 그리고 무엇을 탄다는 그 자체가 퍽 재미있는 행위였다. 이런 욕망을 놀이로 나타낸 것이 바로 말타기 놀이(말뚝박기라고도 함)로서 그 기원이 꽤 오래 되었다.

발로 흙을 밟지 않고 움직인다는 자체가 정말 흥미로운 일이다. 그래서 말타기는 하늘을 향한 꿈을 갖게 하는 놀이라고 할 수 있다. 언제부터 즐겨온 놀이라고 꼬집어 말할 수 없지만, 아이들의 꿈과 재미가 함께 맞아떨어지는 놀이임엔 틀림없다. 청소년들이 골목길이나 넓은 마당 모퉁이 또는 당산나무 아래에서 즐기던 말타기는 요즘에도 흔히 볼 수 있는 놀이로 아이들에게는 큰 말을 타고 다니는 것은 부러움의 대상이었을 것이다. 이러한 부러움을 실현하고자 하는 욕망으로 이 놀이가 생겨난 듯하다. 말타기는 우리나라에만 있는 것이 아

말타기

니라 방법과 규칙이 조금씩 다르기는 하지만 세계 여러 나라에서 쉽게 볼 수 있는 놀이라고 하는데 동심은 어느 나라나 비슷하기 때문인 듯하다.

(2) 놀이 방법

① 한 편에 4~5명씩 두 편으로 나눈다. '가위 바위 보'를 해서 이긴 편이 먼저 말을 탄다.

② 이긴 편이 말을 모두 탄 후 맨 앞 사람과 마부가 '가위 바위 보'를 하여 이기면 또 말을 탈 수 있고, 지면 서로 위치를 바꾸어 놀이한다.

③ 마부는 요령 있게 말들을 움직여서 잘 타지 못하게 하고, 맨 끝의 말은 뒷발질을 하여 말을 못 타게 한다.

④ 말이 무너지면 지기 때문에 힘있게 버텨 서야 한다.

(3) 놀이 효과

① 서로 몸을 접촉하기 때문에 더욱 친밀감을 갖는 효과가 있다.

② 협동심을 기를 수 있다.

(4) 유의할 점

① 허리와 머리를 다치지 않게 안전사고에 유의한다.

② 말을 타는 시간을 정해 놓고 그 안에 탈 수 있게 해야 한다.

③ 마부는 순서대로 바꾸어 가면서 하는 것이 바람직하다.

4) 실뜨기

(1) 놀이의 유래

실뜨기란 어린이들 놀이의 하나로 실의 양 끝을 매어서 손에 건 다음 양 손가락에 얼기설기 얽어 두 사람이 주고받으면서 여러 가지 모양을 만드는 놀이이다. 언제 어디서나 별다른 준비 없이 실이나 노끈을 이용하여 놀이를 할 수 있기 때문에 자연 어린이들에게 사랑받는 놀이로 널리 보급되어왔다.

전통사회에서 의생활은 여성의 소관이었고, 이에 따라 침선은 여성이 익혀야 할 기본적인 과제였다. 이에 따라 여자아이들은 안방에서 할머니나 어머니와 함께 생활하며 7세가 되면 어른들로부터 침선에 필요한 모든 기구를 갖춘 반짇고리를 받기도 했다. 반짇고리 안에는 일반적으

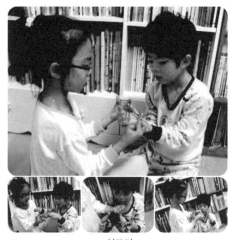

실뜨기

로 바늘과 실, 바늘꽂이, 골무 등이 들어 있었다. 아이들이 본격적으로 바늘을 잡기 전에 실뜨기 놀이 등을 통해 자연스럽게 실과 친숙해지는 계기가 된다.

실뜨기 놀이는 약 1m 정도 되는 실이나 가는 노끈의 양끝을 묶은 다음, 두 사람이 마주 앉아 두 손에 걸친 실을 번갈아 떠서 실의 모양이 여러 가지로 바뀌는 것을 즐기는 놀이로서 둘이서 하는 실뜨기가 일반적이며, 혼자서 하는 실뜨기 방법도 있다. 둘이서 실뜨기를 할 때 나오는 모양은 '날틀', '바둑판', '젓가락', '베틀', '방석', '가위줄', '물고기', '톱질 뜨기' 등의 순서로 진행된다. 혼자서는 '고무줄', '사다리', '민들레씨앗' 모양 등을 만들기도 한다. 만약, 실을 뜨는 도중에 손가락을 잘못 걸거나 움직이면 실이 풀어지거나 얽혀서 놀이는 끝이 난다.

실뜨기는 준비물이 간단하기 때문에 손쉽게 즐길 수 있고, 오락 기구가 별로 없었던 옛날에 시간을 보내기에도 딱 좋고, 지능 개발에도 도움을 주는 놀이이다. 중앙일보(2005.06.21)에서는 [머리에 쏙!] '손은 밖으로 나온 뇌'라는 제하에 아이들은 실뜨기 등의 놀이로 손을 많이 쓸수록 지성, 감성의 발달이 더 왕성해진다고 소개한바 있다.

이 놀이를 통해서 정교한 손동작이나 손재주 등을 익힐 수 있으며, 둘이서 하는 경우는 서로 실이 얽히지 않도록 정해진 규칙대로 진행해야 하기 때문에 협동심과 함께 규범을 익히는 계기가 된다.

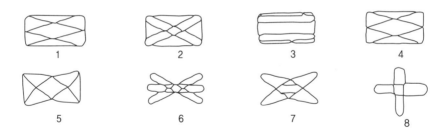

여러 가지 실뜨기 방법

(2) 놀이 방법

① 한 어린이가 실 테를 두 손에 한 번 감아서 걸고 다시 두 손의 가운뎃손가락으로 감은 실을 걸어 뜬 뒤에 상대편에게 차례를 넘기는 방법이다. 그 모양은 **그림 1**처럼 되며 이를 '날틀'이라고 한다.

② 뒤의 어린이는 날틀 양쪽의 가위처럼 벌어진 부분을 엄지와 검지 두 손가락으로 걸어 쥐고 아랫줄 밖으로 둘러서 위쪽 가운데로 올려 뜬다. 이렇게 하면 **그림 2**처럼 되며 이를 '바둑판'이라고 한다.

③ 앞의 아이는 엄지와 검지 두 손가락으로 바둑판 가운데의 줄이 교차된 두 각을 걸어 쥐고 바깥 줄을 밖으로 **빼었다**가 위쪽 가운데로 올려 뜬다. 이렇게 하면 **그림 3**처럼 되며 이를 '젓가락'이라고 한다.

④ 뒤의 어린이는 두 새끼손가락으로 가운데의 두 줄을 걸었다가 서로 반대쪽으로 당겨서 늘인다. 그리고 엄지와 검지로 바깥 줄을 걸어서 아래로부터 가운데로 올려 뜬다. 모양은 **그림 4**처럼 되며 **그림 1**과 반대 방향의 형태를 이룬다. 이를 '베틀'이라고 한다.

⑤ 앞의 아이가 엄지와 검지로 '베틀'의 양쪽 각을 걸어 쥐고 밖으로 **빼었다**가 이번에는 위쪽에서 아래쪽으로 내려 뜨면 두 번째의 '바둑판' 형태가 된다.

⑥ 뒤의 아이가 '바둑판'을 '젓가락'으로 만들 때처럼 '베틀'을 떠올린다. 이렇게 하면 **그림 5**처럼 가운데가 마름모꼴이 되는데 이를 '방석'이라고 한다.

⑦ 앞의 아이가 새끼손가락으로 뒤의 아이의 엄지와 검지 사이의 줄을 건 다

음 자기의 엄지와 검지로 방석의 양쪽 각을 걸어 쥐고 가운데의 마름모를 향해서 아래로 위로 올려 뜬다. 이렇게 되면 **그림 6**처럼 손가락에 걸린 모든 줄 들이 가운데에서 얽힌다. 이를 '가위줄'이라고 한다.

⑧ '베틀'로 '바둑판'을 뜰 때와 같이 얽힌 '가위줄'의 교차점 양쪽에 걸어 쥐고 한가운데를 통해서 위에서 아래로 내려 뜬다. 이렇게 하면 다시 '바둑판'이 만들어지며 손가락은 **그림 2**의 경우처럼 모두 아래쪽을 향하게 된다. 이와 같은 방법을 계속해서 '바둑판'을 다시 뜨면 **그림 5**의 방석이 되고 이를 또 뜨면 '가위줄'이 나오는 등 여러 가지 형태가 반복된다. 그러나 실을 뜰 때 반드시 앞의 방식을 따를 필요는 없으며, 재간 있는 어린이는 제 마음 내키는 대로 실을 떠서 모양을 바꾸어 나간다.

(3) 놀이 규칙

① 처음 사람이 70~90cm 정도의 질긴 실을 이어 양쪽 엄지, 검지손가락에 벌려 건다.

② 양쪽 손가락을 이용해 걸어 내리거나 걸어 올려 새로운 모양으로 실을 뜬다.

③ 같은 모양이 나오거나 실이 엉키거나 풀어지면 아웃된다.

④ 한꺼번에 한쪽에 2가닥 이상씩 걸어서는 안 된다.

(4) 놀이 효과

① 판단력과 말초 신경의 감각을 기르고 지성, 감성의 발달에도 도움이 된다.

② 실뜨기는 남녀 같이 즐길 수 있는 놀이로서 협동심과 준법성이 길러진다.

③ 여러 가지 새로운 모양을 궁리하다 보면 탐구력과 창의력이 신장된다.

5) 장치기

(1) 놀이의 유래

장치기 놀이는 오늘날 필드하키와 흡사한 놀이로 다른 용어로 격구라고 일컬어지며, 삼국시대부터 조선시대에 걸쳐 행해진 전통 민속놀이지만 오늘날에 와서는 거의 자취를 감추었다. 격구가 장치기로서 일반 민중에게 널리 전해지기 이전에는 군사들의 훈련과 조정 대신들의 여가 선용을 위한 사교용 놀이로서 행해졌으며 또 질병이나 건강관리로도 활용되었음이 기록에 나타나 있다.

격구는 중국 및 고구려, 고려, 신라의 옛 문헌에 타구(打毬), 격구(擊毬), 포구(拋毬), 장구(杖毬), 봉구(棒毬) 등 여러 이름으로 나타나 있는데 타구 또는 격구라는 표현을 많이 써 왔다. '장'이 막대기를 의미하고 '치기'가 친다에서 온 말로 보아 장치기란 명칭은 노는 방법을 그대로 본뜻 것에서 유래된 것으로, 지방에 따라 공치기, 타구놀이, 장채놀이라고도 한다.

격구의 기원으로는 당태종 시대에 격구희 또는 타구라는 것이 시작되었는데 그 발원은 파사(波斯)로 중국 서장 및 인도 제국으로 전파되었다. 우리나라에는 당태종 시대에 전래된 것으로 추찰이 되며 격구에 관한 기록으로는 고려사를 찾을 수 있다.

"고려 태조 원년 9월 갑오에 상주의 적사 아자익이 사자를 보내어 귀순하려 하매 왕이 명하여 그를 맞이하는 의식을 구정(毬庭)에서 하게 하였다."라는 기록으로 보아 고려조 원년에 왕건이 고려를 창건하면서 궁전에서 격구를 실시할 수 있는 구정이 있었던 것으로 고려 이전에도 격구가 시행되었음을 알 수 있다. 신라의 기록에서는 김유신과 김춘추가 축국을 하였다는 기록이 나타나는데 이를 격구와 유사한 것으로 추측하기도 하며, 또 제기차기의 일종이라는 설도 있다.

한편 조선시대 세종실록에는 "병조에 계하되 고제를 삼가 살피니 당의 격환을 곧 황제가 만든 축국의 유제이다. 그런 이유는 다 놀이로써 습무(習武)하는 까닭이다. 고려 번성 시에 격구의 놀이는 사실 여기에서 비롯되는 것이다. 격구를 잘하면 가히 기사를 잘하고 창도 잘한다. 이제부터 무과에서 격구로써 시험을 보아 인재를 뽑으라 하였다."는 기록이 나타나 있다. 국방적인 필요와 무인 출신인 태조와 태종에 의해 행해진 격구놀이는 세종대에 이르러서는 격구가 무과 전시의 과목으로 채택되기도 하였다.

격구가 그 유희적 측면은 배제되고 군사훈련의 중요성은 성종 때에 더욱 강조된다. 그러나 조선의 극단적 문치주의는 무를 경시하게 됨에 따라 격구는 조

장치기

선 중기 이후 귀족 사회에서 점차 쇠퇴의 길을 걷게 된다. 한편 일반 민중에게는 놀이로서 격구가 아닌 장치기로 보급되어 전국적으로 퍼져 나가게 된다. 민중놀이로서의 장치기는 제 1회 전 조선 얼레공대회(1931년 2월 5일자 동아일보의 기사)라는 이름으로 전국대회로 개최된 기록 등 이후 계속 명맥을 이어 최근까지도 일부 지역에서 행해진 것으로 각 민속 조사 결과 나타나고 있다.

장치기는 전래되면서 산악지대 특히 지리산 줄기인 영·호남지방에서 성행했는데, 나무꾼들이 떼지어 산에 나무하러 갔다가 양지 바른 곳에서 지게를 내려놓고 편을 짜 작대기로 솔방울을 굴려 가며 즐겼으며, 전남 곡성지방에서는 이 장치기를 출품하여 제5회 남도문화제 최고상을 수상한 바 있다.

장치기는 그 역사적 연원으로 미루어 보아 초기에는 서울, 즉 도읍지의 귀족 사회에서 행해지다가 점차 확산된 것이다. 문화재 관리국에서 조사한 한국민속종합조사보고서에 따르면 전라남·북도, 경상남·북도, 충청남·북도와 경기도에서 주로 행해진 놀이임을 확인할 수 있다.

(2) 놀이 방법

① 놀이 도구

놀이를 위해서는 땅매(막대, 공채)와 짝공(짱이, 공)을 준비해야 한다.

- 땅매(공채) : 1m 정도의 끝이 구부러진 단단한 나무를 골라 짝공을 치기 편리하게 만들거나 각목을 이용하여 만든다. 요즘은 PVC 파이프에 모래를 담아 끝을 골프채 끝처럼 구부려 만들기도 한다(굳어진 뒤 모래를 빼고 씀).
- 짝공(짱이, 공) : 소나무의 옹이가 있는 부분이나 고양 나무, 박달나무와 같이 굳은 나무를 둥글게 깎아서 만들거나 새끼를 뭉쳐 만든 공 또는 지름이 6~10cm 크기의 고무공이면 된다.

② 놀이 장소

장소는 넓은 풀밭이나 운동장을 이용할 수 있고 길이 40~50m, 너비 30~40m 정도의 장소에 가운데에는 짝공이 들어갈 만한 구덩이를 하나 파놓는다.

③ 놀이 방법 1

놀이는 두 편으로 갈라 하되 한 편을 10~15명 정도로 하는 것이 좋다. 네모로 사방에 구역을 만들고 가운데에 중앙선을 정한다. 축구처럼 중앙선 가운데서 시작되어 땅매로 짝공을 쳐서 30m 라인을 많이 넘기는 편이 이긴다.

이 놀이를 시작하는 방식이 세 가지가 있다.

첫째, 아래짱은 중앙선 가운데에 파놓은 구멍에 짝공을 놓고 양편이 동시에 쳐서 시작하는 방법.

둘째, 웃짱은 짝공을 심판이 위로 똑바로 던진 다음 떨어지는 짝공을 서로 쳐서 시작하는 방법.

마지막으로, 소래기(소래기치기)는 이긴 편이 짝공을 위로 던지면 양편이 한 바퀴 돌면서 떨어지는 짝공을 쳐서 시작하는 방법.

짝공을 쳐서 경기장 밖으로 나가면 상대편이 짝공이 밖으로 나간 선에서 짝공을 굴려주어 '굴러공'을 치게 하거나 '구멍공'(가운데 구멍에 공을 놓고 치는)을 치게 한다.

이 놀이에도 반칙과 벌칙이 주어지는데 그 내용은 짝공이 몸의 일부에 닿는 것, 상대편의 땅매를 몸으로 막는 행위, 상대편의 몸을 땅매로 치거나 치려고 하는 행위, 상대편의 경기 활동을 몸으로 막는 것, 짝공을 격장의 선 밖으로 쳐내는 것 등이다. 그리고 벌칙으로는 '물레공' 즉 제자리에서 한 바퀴 돌고 짝공을 치든가 짝공을 굴려주는 '굴러공' 또는 '구멍공'치기 등이 있다. 짝공을 놓고 칠 때는 모든 사람이 5m 이상 떨어진다.

④ 놀이 방법 2

방법 1과 다른 점은 축구장 같은 골대가 아니고 다만 상대방의 골라인(3m 폭)을 많이 넘기는 편이 이긴다.

- 시작 방법은 위와 같이 시작한다.
- 짝공을 땅매로 쳐서 상대 골에 넣는다.
- 시간을 전·후반 각 10분씩으로 하고, 휴식시간을 2~3분으로 한다.
- 짝공이 선 밖으로 나가면 그 위치에서 땅매로 쳐서 보낸다.
- 손이나 발로 짝공을 차거나 던질 수 없다.
- 짝공을 놓고 칠 때는 모든 사람을 5m 이상 떨어져 있게 한다.
- 골에서 5m는 문지기 외에 아무도 들어가지 못한다(공격 제한선).

(3) 놀이 효과

① 조정력, 판단력, 민첩성을 기른다.
② 팀을 위해 결속하고 협동하는 마음을 기를 수 있다.
③ 기구 사용 능력을 높이고, 정확한 조정력을 기를 수 있다.

(4) 유의할 점

① 땅매는 잘 다듬어진 것을 사용하되 너무 길거나 짧은 것을 사용하지 않는다.
② 땅매와 짝공(짱이)에 다치지 않도록 조심하고 규칙을 잘 지킨다.
③ 짝공은 부드럽고 탄력 있는 재료로 만든 것을 사용하면 부상을 줄일 수 있다.

④ 승패에 연연하여 경기를 할 때는 부상당할 염려가 있으니 항상 상대방을 안전을 생각하여 심한 반칙은 삼간다.

⑤ 놀이 시간은 능력에 맞게 적절히 조절한다.

⑥ 공중볼은 많은 연습이 있어야 잡을 수 있기 때문에 주의가 요구된다.

6) 강강술래

(1) 놀이의 유래

강강술래는 우리나라 남해안 일대에 전승되어 오는 민속무용으로서 주로 팔월 한가위 명절에 여성들이 즐긴다. 이 놀이의 유래에 대하여는 아직 추측 단계를 벗어나지 못하고 있으나, 놀이 또는 무용 일반의 기원과 그 궤를 같이 하는 것으로 믿어진다.

옛 농경사회의 가장 큰 축제는 음력 5월의 기풍제와 10월의 추수감사제였다. 옛 농민들은 논밭에 곡식의 씨앗을 뿌리고 심을 때, 그해 농사가 잘 되어 풍년이 들기를 하늘에 기원하는 잔치를 벌였고, 농사일이 끝나면 풍성한 농산물을 수확하게 해준 하늘에 감사하는 축제를 마련하였다.

옛 마한의 풍습 속에는 5월과 10월에 축제가 있었는데, 이는 고구려의 동맹,

강강술래

동예의 무천과 같이 풍성한 농산물을 바라고 또 그것을 구가하는 범민중적 잔치였다. 이때 서로 손을 마주 잡고 뛰어 놀던 놀이가 있었던 것으로 짐작되는 바, 강강술래의 기원도 이때쯤으로 소급해 볼 수 있다. 이것이 조선 왕조 시의 임진왜란 때, 충무공의 전술과 결부되어 그 유래에 관한 다음과 같은 속설이 전해 오는 것으로 생각된다. 즉, 약세에 놓인 우리 군사를 강하게 꾸며 왜적의 눈을 속이기 위해 충무공은 마을 부녀자들에게 군복을 입혀 위장시킨 다음, 해변, 언덕 또는 산봉우리에 모닥불을 피워 놓고 그 주위를 맴돌면서 노래를 부르며 춤을 추게 했다고 한다.

이와 같이 강강술래는 당시 충무공의 의병술에서 연유되었고, 그 후 공의 승전을 기리기 위하여 매년 추석의 놀이로 계속되어 왔다고 한다. 이는 강강술래가 주로 남해안 일대에서 성행되어 온 바, 자연 충무공의 승전에 관련된 한 속설이 전해 오는 것으로 믿어진다. 그리고 〈강강술래〉란 말은 [강한 오랑캐가 물을 건너온다]는 뜻인 한자어로, 〈강강수월래〉라 표기하여 왜적이 물을 건너오니 이를 경계하라는 뜻이라고 풀이하는 경우가 있는데, 이는 우리말 〈강강술래〉의 한자어 차음으로 생각된다. 또 〈강강술래〉라는 말은 순수한 우리말로 〈강강〉은 둘레, 원을 뜻하는 전라도 방언이고, 〈술래〉는 본딧말이 순라(巡邏)로 〈강강술래〉란 [주위를 잘 지키라]는 구호였다고 한다. 전라남도 해남, 진도 등 섬 지역을 중심으로 지금까지 계승되고 있는 이 놀이판은 1966년 2월 15일 중요무형문화재 제8호로 지정되었으며, 2009년 9월 세계무형유산으로도 지정되었다. 남사당놀이, 영산재, 처용무, 제주 칠머리당 영등굿도 노래와 음악, 춤이 어우러진 독창적인 종합예술로 그 가치를 인정받아 함께 등재되었다. 세계무형유산은 최근 유네스코가 보존이 시급하다며 크게 관심을 쏟고 있는 분야로 우리나라는 종묘제례와 판소리, 강릉 단오제에 이어 8개의 세계무형유산을 보유하게 되었다.

(2) 놀이 방법

수십 명의 부녀자들이 손과 손을 맞잡고 둥그런 원을 지어 무리를 이룬다. 이들 중에서 목청이 빼어난 사람이 앞소리를 메기면 나머지 사람들은 뒷소리를 받으면서 춤을 추는 것이다. 노래는 처음에 느린 가락의 진양조로 시작하다가 점점 빨라져 춤 동작도 여기에 따라 변화한다. 이렇게 노래 가락에 맞추어 여러 가지 형태로 원을 변형시키며 〈고사리 꺾기〉, 〈덕석몰이〉, 〈청어 엮기〉, 〈문열기〉, 〈기와 밟기〉, 〈가마 둥둥〉, 〈닭살이〉, 〈남생이 놀이〉 등 재미있는 춤 놀이를 벌이는 것이다. 놀이꾼이 많이 모이면 여러 패로 나뉘어서 놀며, 한동안 춤을 추다가 피로해지면 잠시 쉬었다가 다시 놀기도 한다.

손은 편한 대로 잡으면 되고, 발은 보통 걷는 동작으로 디디면 된다. 그리고 뛰게 될 때에는 제한 없이 마구 뛴다.

(3) 노 래

강강수월래〈전라남도 지방〉	강강술래〈진도 지방〉
대밭에는 대도 총총 강강수월래	술래 소리는 어디로 갔나 강강술래
하날에는 별도 총총 강강수월래	찾아 잘 돌아온다 강강술래
꽃밭에는 꽃이 총총 강강수월래	달떠온다 달떠온다 강강술래
하날에다 베틀 놓고 강강수월래	동창에서 달떠온다 강강술래
구름잡어 잉아걸고 강강수월래	우리 님은 어데를 가고 강강술래
둥둥 떠가는 구름 경상 강강수월래	달떠온줄 모르는가 강강술래 강강술래

(4) 놀이 효과

① 강강술래를 통하여 옛 여인들의 애국정신을 본받는다.
② 협동과 우애에 기초를 두고 여러 가지 형태의 춤사위를 창안할 수 있다.
③ 즐거운 놀이 형식을 통해 사회성을 기를 수 있다.

7) 꽃따기

(1) 놀이의 유래

꽃따기 놀이의 기원과 유래는 확실하지 않다. 일명 '우리집에 왜 왔니'라고도

하는데 함께 노래를 하면서 앞으로 갔다가 뒷걸음으로 나오는 놀이로 요사이 많이 잊혀져가고 있지만 여럿이 쉽게 즐길 수 있는 놀이이다. 일렬로 서서 노래를 부르며 상대방 사람을 빼앗아 오는 놀이로 여럿이 움직이는 모습이 겉으로도 아름다울 뿐 아니라 하나 된 마음을 심어줄 수 있는 계기가 되기도 한다.

꽃따기 놀이는 대여섯 명 또는 여럿이서 어울릴 때, 서로의 친근함을 표시하고 무료함을 달래기 위해서 시작된 놀이라고 볼 수 있다.

(2) 놀이 방법

① 모둠별로 두 패씩 짝을 짓는다(한 모둠은 6~7명 정도로 한다).
② 두 패가 각각 일렬 횡대로 옆사람과 손을 잡고 서로 마주보고 선다.
③ 가운데 부분에 선을 긋고 자기 진영의 위치를 확실히 한다.
④ 두 패에서 한 명 씩 나와 가위 바위 보를 하여 공격할 편을 정한다.
⑤ 수비편은 '우리 집에 왜 왔니? 왜 왔니? 왜 왔니?'라고 노래를 부르며 모두 앞으로 나아간다. 이때 공격편은 뒤로 물러선다.
⑥ 이어서 공격편이 앞으로 나가면서 '꽃 찾으러 왔단다 왔단다 왔단다.'라고 역시 모두 앞으로 나아가면 수비편은 뒤로 물러선다.
⑦ 수비편이 또 앞으로 나아가면서 '무슨 꽃을 찾으러 왔느냐 왔느냐'라고 노래한다.

꽃따기

⑧ 공격편은 이 때 수비편 중 한 명의 이름을 노랫가락에 넣어 불러 세운다.
'○○ 꽃을 찾으러 왔단다, 왔단다.'

⑨ 공격편의 대장과 수비편의 이름을 불린 사람이 가위 바위 보를 한다. 가
위 바위 보에서 진 사람은 이긴 편 쪽으로 간다.

⑩ 이어서 이긴 편은 앞으로 나아가면서 '이겼다 꽃바구니 하나 얻었다.'라고
하면 진편은 '졌다 분하다 말도 말아라!'라고 노래한다.

⑪ 이어서 처음과 같은 방법으로 이긴 편이 '우리 집에 왜 왔니 왜 왔니 왜
왔니'하고 노래하며 계속하다가 한 쪽이 없어지거나 인원이 적은 편이 지
게 된다.

(3) 유의할 점

① 이름 불리는 사람을 한정하지 않고 골고루 불러 볼 수 있도록 지도한다.
② 이름을 부를 때도 서로 약속된 상태에서 한 사람의 이름을 힘차게 외치도
록 한다.
③ 노래를 신나게 불러야 이긴다고 하여, 다같이 참여하는 분위기를 만든다.
④ 앞으로 전진하고, 또 후진하며 리듬을 잘 탈 수 있도록 한다.

8) 못치기

(1) 놀이의 유래

못치기 놀이는 어느 때부터 어떤 연유에서 비롯되었으며, 또 나무못이나 쇠
못 중에서 어느 것이 먼저냐에 대해서는 그 기록이 없으므로 알 길은 없으나,
힘이 덜 들고 구하기 쉬운 쇠못이 주로 많이 쓰이고 있음을 알 수 있다. 못치
기 놀이는 집을 짓거나 생활 용품을 만들어 쓸 때부터 이 놀이가 시작되었을
것으로 생각된다.

(2) 놀이 방법

못을 가지고 두세 명이 '가위 바위 보'하여 이긴 아이가 먼저 못을 손으로

힘껏 땅에 내리꽂는다. 못이 꽂히면 계속 적당한 길이만큼 간격을 두고 꽂아가
면서 선을 그어간다. 그러면 다음 차례는 앞서가는 아이의 뒤를 계속 따라야
하는데 먼저 꽂은 사람이 못을 꽂은 회수는 꼭 지켜 따라가야 한다(선두로 가
는 사람의 못 꽂은 횟수를 초과하면 자기가 선두가 됨). 뒤따라 오는 진로를
어렵게 하기 위하여 달팽이 모양이나 별모양 등을 만들며 계속 나아간다. 못을
선 가까이 꽂아 사이를 아주 좁게 하여 다른 아이가 못을 꽂기 어렵게 하거나
선을 그을 때 다른 선에 접촉되어 죽게 한다. 남을 어렵게 훼방하는 머리싸움
놀이이며 못을 잘 못 꽂거나 돌멩이에 부딪혀 튀면서 넘어지면 상대방 순번으
로 넘어간다.

또 다른 방법으로 진 순서대로 못을 꽂아 나가고, 그 다음 사람이 먼저 꽂아
놓은 못의 몸통을 쳐서 땅에서 뽑아내면 이겨서 그 못을 따먹게 된다. 그 못을
땅에서 뽑아 내지 못하면 다음 차례의 선수가 또 땅에 못을 힘껏 내리쳐서 승
부를 가린다. 못은 대못이라 하여 큰 것일수록 유리하기 때문에 길이가 30cm쯤
되게 만들어 쓰기도 한다.

(3) 놀이 효과

① 어깨의 힘을 길러 주고, 목표물을 적중시키는 조정력을 길러 준다.
② 늦가을부터 겨울철 놀이로 추위를 이겨내는 정신력을 기르는 데 도움이
   된다.

(4) 유의할 점

① 날카로운 못을 다룰 때에는 장난을 치지 않도록 유의하고 주변 사람들과
   의 거리 등 안전을 고려해야 한다.
② 못을 땅에 내리쳐 꽂을 때는 자기 발이나 상대방 발등의 안전거리를 확인
   한다.
③ 못을 쳐내어 뽑아낼 때는 못이 튕겨 위험할 수 있으므로 특히 세심한 주
   의가 필요하다.

9) 죽마타기

(1) 놀이의 유래

죽마타기

죽마타기 놀이의 기원과 유래는 확실하지는 않으나, 옛날 집안에서 손쉽게 구할 수 있는 대 장대(간짓대)나 대빗자루를 가지고 놀던 데에서 유래했던 것으로 보인다. 또, 죽마고우(竹馬故友)라는 한자성어가 있는 것으로 보아 아주 오랜 옛날부터 크게 유행했던 놀이로 보인다. 이 놀이는 대로 만든 말을 타고 논다고 해서 〈대말타기〉〈죽마놀이〉 또는 〈죽족〉이라고 불린다.

죽마타기 형식은 두 가지가 있는데, 하나는 긴 장대나 마당비 따위를 가랑이 사이에 끼우고 달리며 노는 방법이고, 또 하나는 장대를 이용하여 디딜 수 있는 발판을 붙여 올라타고 걸어다니는 방법이 있다.

(2) 놀이 방법

① 준비물 : 긴 장대나 대나무(2.5~5m) 또는 대 빗자루
② 긴 장대나 대빗자루 등을 가랑이 사이에 끼우고(죽마를 타고) 돌아다닌다.
③ 혼자씩 재미로 하는 경우에는 노래를 부르며 마음껏 돌아다닌다.

▶ 노래 가사의 예

탄 놈도 꺼떡꺼떡   소 탄 놈도 꺼떡꺼떡
여봐라 길 비켜라   양반 지나간다
이랴 말아 굽 다칠라   양반님 나가신다.

소풍이나 운동회 또는 체육시간에 여럿이 경기를 하는 방법은 다음과 같다.

① 똑같은 크기의 대 막대기(또는 죽마)를 두 개 준비한다.

② 숫자가 같도록 청백 양팀으로 편을 가른다.

③ 출발선과 반환점을 정하여 청백 한 명씩 죽마를 타고 반환점을 돌아와서 죽마를 건네준다.

④ 마지막 사람까지 반환점을 돌아서 처음 출발선까지 죽마를 타고 먼저 도착하는 편이 이긴다.

(3) 놀이 효과

① 죽마를 타고 뛰는 과정을 통하여 지구력과 순발력을 기르고 몸을 튼튼하게 할 수 있다.

② 간단한 도구를 이용하여 야외에서 마음껏 뛰는 과정을 통하여 흥미를 느끼고 친구들과의 우정을 기를 수 있다.

③ 현대에 맞게 고안한 죽마타기 경기를 통해서도 사회성과 협동성을 기를 수 있다.

(4) 유의할 점

① 보통 마을길을 돌아다니며 죽마를 타고 놀았으나 요즈음에는 교통사고 등의 안전사고에 특히 유의해야 한다.

② 대나무를 이용한 놀이이기 때문에 자칫 부상의 위험이 있으므로 대나무 끝을 둥글게 잘 깎아 상처를 입지 않도록 한다.

③ 놀이가 끝난 후에는 반드시 손을 씻도록 한다.

10) 널뛰기

(1) 놀이의 유래

널뛰기는 여자들의 활동이 제한적이어서 운동량이 부족했던 시절에 생겨난 놀이로서 출산과 가사 전담을 했던 여성들의 체력증진 수단으로 설날을 중심으로 정월에 주로 행해진 놀이이다. 처녀 시절에 널뛰기를 하지 않으면 시집가서

널뛰기

아기를 순산하기 어렵고, 정월에 널뛰기를 하면 일년 내내 발바닥에 가시가 찔리지 않는다는 등 다리운동을 많이 시키기 위해서 널을 뛰었다는 이야기가 매우 설득력이 있다.

여성을 비하하는 듯한 속설로 바깥 출입이 자유롭지 못한 처녀들이 담장 밖의 세상을 구경하기 위해서 널뛰기가 시작되었다는 그럴듯한 이야기와 지금처럼 자유롭게 밖으로 돌아다니지 못하던 시절에 옥에 갇혀 있는 남편들이 보고 싶어 여럿이 힘을 모아 옥의 담장 옆에 널판을 갖다 놓고 팔짝팔짝 뛰어 오르면서 남편들의 얼굴을 훔쳐보았다는 이야기도 있다.

널뛰기는 주로 설 명절에 많이 뛰었으나 단오나 추석에도 많이 뛰며 즐기던 놀이이다.

(2) 놀이 방법

널의 크기는 대체로 널판의 길이가 2.5∼3m, 너비는 30㎝, 두께는 5㎝ 가량 되는 굽지 않은 판자를 준비하는 것이 좋다.

긴 널판 한가운데 짚단이나 가마니를 말아서 괴기도 한다. 지방에 따라 뛰는 방법이 약간씩 다르나 널판이 닿는 끝부분의 땅을 파서 구름이 강하게 하기도 한다. 널이 움직이지 않도록 하기 위해서 널 가운데 사람이 앉아 있기도 한다.

뛰는 방법은 양쪽에 한 사람씩 올라서 널이 수평 저울처럼 평형을 유지해야 한다. 몸무게가 다르면 거리로 조절한다.

널뛰기의 승부는 한 쪽이 힘껏 굴러서 상대편이 널빤지에서 떨어지면 이기게 된다. 널에서 떨어지면 다음 사람이 올라서 또 뛰게 된다. 이 놀이는 개인간의 승부도 되지만 여러 사람이 두 편으로 나뉘어서 할 수도 있다.

(3) 놀이 효과

① 전신운동으로 민첩성을 기른다.
② 높이뛰기의 힘(점프력)을 기를 수 있다.
③ 조상들의 생활 모습을 엿볼 수 있다.

11) 씨 름

(1) 놀이의 유래

씨름은 우리나라 전통적인 남자 운동경기의 하나로 한문으로 각희, 각력, 각저라고 하는데, 넓은 마당에서 허리와 다리에 띠나 샅바를 두른 두 장정이 마주 끓어 앉아 각기 한 손으로는 다리의 띠를, 다른 손으로는 허리띠를 잡은 다음 심판관의 호령에 의해 동시에 일어나 먼저 상대방을 넘어뜨림으로써 승부를 결정하는 놀이이다.

만주 통구에 있는 각서총현실 좌우의 벽에 씨름 경기가 벽화로 그려져 있는 것으로 보아 이미 고구려 시대에도 있었음을 알 수 있고, 또 고려사에 의하면 충혜왕은 씨름을 즐겨 동왕 5년(1344) 2월과 7월에 이를 관람한 기록이 나타나 있어 고려에서도 성행하였던 것으로 짐작된다.

이후 경향 각지에서 남자들의 놀음놀이로 단오, 백중날, 한가위 등의 명절과 농한기에 행해졌으며, 특히 단오절에는 여자들의 그네뛰기와 함께 연중행사로 성대히 거행되었다.

이와 같이 범민중 놀이로 성장해 온 씨름은 1910년대에 이르러 씨름단체나 기관의 주관 아래 씨름대회가 개최되기에 이르렀다. 1927년에 〈조선씨름협회〉

가 조직되어 1941년까지 6회의 씨름대회를 열었다. 광복 이후에는 〈대한씨름협회〉가 결성되어 오늘에 이르도록 각종 씨름대회를 주관하고 있다.

(2) 놀이 방법

① 씨름의 종류

전래하는 씨름은 '왼씨름'과 '오른씨름' 두 가지로 구분된다. '왼씨름'은 주로 함경, 평안, 황해, 경상, 강원, 충청도 지방에, '오른씨름'은 경기, 전라도 지방에 분포되어 왔다. 그러나 현재 씨름은 1931년 제2회 전 조선씨름대회부터, '왼씨름' 한가지로 운영하고 있다. 따라서 현재 대한씨름협회가 주관하는 모든 씨름 경기와 각 학교에서 가르치는 씨름은 '왼씨름'이다.

씨름놀이

'왼씨름'의 기본자세는 다음과 같다.

- 오른쪽에 다리 샅바를 두른다.
- 오른손으로 상대방의 허리 샅바를 잡는다.
- 왼손으로는 상대방 오른쪽 다리에 두른 샅바를 잡는다.
- 서로 오른쪽 어깨를 맞대고 씨름을 한다.

'오른씨름'은 '왼씨름'과 반대 방향으로 샅바를 잡고 하는 씨름이다. 그 밖에 두 명이 마주 보고 먼저 눈을 깜박거리는 사람이 지는 '눈씨름', 두 명씩 짝을 지어 가운데 손가락 둘째 마디를 서로 마주 대고 밀어 승부를 겨루는 '손가락 씨름', 손이나 손목을 서로 잡고 겨루어 상대방 손등이 먼저 바닥에 닿게 하면 이기는 '팔씨름', 두 사람이 다리를 어깨 넓이로 벌리고 마주보고 선 후 서로 줄 끝을 오른쪽 허리부터 감아서 왼손으로 신호와 함께 잡아당겼다 놓았다 하다가 상대방이 중심을 잃게 하여 이기는 '줄씨름', 마주서서 상대방의 손바닥을 밀어 균형을 잃게 하여 넘어지게 하는, 단 몸을 밀치거나 잡아당길 수 없는 '손바닥 밀기', 쪼그려 앉아 허벅지 밑으로 양손을 잡고 힘을 겨뤄 넘어뜨리거나 밀어내는 '돼지씨름' 등이 있다.

② 씨름 기술

씨름 기술은 공격 기술인 '메치기'와 방어 기술인 '되치기'로 나누어진다.

• 메치기

메치기에는 허리 기술, 다리 기술, 손 기술 등이 있다.

– 허리 기술: 상대방을 자기 앞으로 끌어 당겨서 위로 들어 좌우로 돌리거
나 젖혀서 뒤 또는 옆으로 넘어뜨리는 기술을 말한다.

– 다리 기술: 상대방을 자기의 다리와 발로 걸고, 앞으로 당기거나 뒤로 밀
며, 또는 옆으로 틀거나 돌리면서, 후려쳐 넘어뜨리는 기술이다.

– 손 기술: 손을 써서 상대방을 앞으로 당기거나 밀면서, 옆으로 젖혀 넘어
뜨리는 기술이다.

• 되치기

상대방이 공격해 올 때 상대방의 힘을 이용하여 되받아 치는 기술이다.

③ 씨름판

• 실외 경기장: 모래를 깔아 만든 것을 원칙으로 한다. 모래 바닥의 높이는
50㎝ 이상으로 하고, 넓이는 지름 7m의 원형으로 한다.

• 실내 경기장: 원칙적으로 '매트'로 시설한다. 지름 7m의 원형으로 한다.

④ 경기 방법

• 모든 경기는 선수의 완전한 실력을 발휘하기 위하여 '3전 2승제'로 한다.

• 경기는 심판의 지시에 따라 양 선수가 엄숙히 경례한 후 상대자의 샅바를
규칙에 따라 완전히 잡은 뒤 주심의 신호에 따라 시작한다.

• 허리 샅바는 바지의 재봉선 위치를 넘겨잡을 수 없다. 다리 샅바는 허벅다
리 뒤쪽 중심을 더 잡을 수 없다.

• 샅바 잡는 시간은 2분으로 하되, 2분 경과 후에는 주심을 중심으로 1m의
간격을 두고 양 선수는 떨어져서 주심의 신호에 따라 곧 경기를 시작해야

한다.

- 승부의 제한시간은 1판을 5분으로 하고, 5분 이내에 승부가 없을 때는 2분 간 휴식하고 3분간 연장전으로 한다.
- 3전 2승 중 1승부가 결정되고, 2회전에서 5분 경과하면 먼저 이긴 자가 승자가 된다. 그리고 1대 1 동점일 경우 3회전 시 5분이 경과하면 몸이 가 벼운 자가 승자가 된다.
- 경기 도중 비김이 생겼을 경우에는 진행된 시간을 감하고 나머지 시간만으 로 경기를 진행한다.
- 리그전은 2명이 동점일 때 승자 순으로 하고, 3명 이상 동점일 때는 득실 점수로 순위를 결정한다.
- 무승부로 몸이 가벼운 사람이 승자가 되는 경우의 채점은 1점을 가산하고 패자는 1점을 감한다.

⑤ 반 칙

- 목을 조르거나 비틀어 쥐는 행위
- 팔을 비틀거나 쥐는 행위
- 머리로 받는 행위
- 주먹으로 치는 행위
- 발로 차는 행위
- 경고를 받고도 재차 반칙을 되풀이하는 경우

  * 반칙 행위를 하는 자는 패자로 간주하며, 대회의 선수 자격을 자동 상실한다.

(2) 놀이 효과

① 씨름을 통하여 신체의 정상적인 발달과 건전한 정신을 기를 수 있다.
② 우리나라 전통적인 남자 운동경기를 즐기며, 굳센 힘과 슬기로운 재치를 기른다.
③ 신체의 근력과 빠른 판단력을 기른다.

(4) 유의할 점

① 씨름판 및 샅바 등을 사전에 점검하고 준비 운동 및 보강 운동을 철저히 하여 안전에 유의하도록 한다.
② 씨름장의 모래를 잘 정리하여 위험 방지에 노력한다.

12) 줄넘기

(1) 놀이의 유래

줄넘기 놀이는 동서양을 막론하고 아이들의 놀이로서 널리 알려져 왔으나 의외로 그 기원에 대하여 정설은 없는 것 같다.

옛날에는 물건을 묶거나 잡아맬 때 볏짚으로 꼰 새끼를 이용하였다. 오늘날은 철사나 비닐 끈, 합성수지 끈 등이 많지만 그때 새끼는 일상생활에서 없어서는 안 될 매우 중요한 물건이었다. 손가락 정도 이하의 굵기를 새끼라 하고 새끼를 여러 겹 꼬아 굵게 만든 것을 동아줄이라 하였다. 새끼의 특성상 어디에서나 쉽게 구할 수 있고 줄이 약간 무거워 돌리면 잘 돌아가기 때문에 줄넘기에 이용되어왔을 것으로 전해지고 있다.

우리나라는 조선 말엽에 한시(漢詩)인 최영연이 쓴 해동죽지 중편에 여러 가지 민속놀이가 적혀져 있는데, 그 가운데 오늘날의 짧은 줄넘기의 모습을 정확히 묘사하고 있고, 조중봉 선생(명은헌, 1544~1593, 임진왜란 때 의병장)이 아이들을 시켜서 이 놀이를 만들었다고도 한다.

위 문헌에서 줄넘기를 옛날부터 내려오는 민속이라 하였고 조중봉 선생의 연대로 보아 우리나라 줄넘기의 기원도 400여 년 전 위로 거슬러 올라간다. 줄넘기 놀이의 기원은 언제부터라고 말할 수는 없으나 도약의 즐거움은 인간의 본능이고 아이들은 놀이를 창작하는 천재이므로 줄넘기는 줄이라는 생활도구와 도약의 본능이 어우러져 아이들에 의해 자연 발생적으로 창작된 놀이로서 줄의 역사와 그 기원을 함께 하고 있다고 보는 것이 통설이라 할 수 있다.

영국의 스포츠 사가로 이름 있는 슈트라스, J.도 예로부터 있었던 아이들의 놀이라 하고 그 방법에 대해 설명하고 있지만 발생연도에 대한 언급은 없다.

다만 주목할 것은 어떤 지방이나 나라에서는 호프의 수확기가 되면 아이들이 호프의 줄을 사용하여 열심히 줄넘기 놀이를 했다고 적혀 있어 매우 흥미롭다.

또 17세기 중엽에 스위스 취리히에 살고 있던 동판화가 마이야, C.(Conrad Meyer)의 동판에 짧은 줄넘기를 하고 있는 아이가 매우 실감나게 새겨 있어 17세기까지는 벌써 예술가의 제재로 줄넘기가 이용될 정도로 보급되어 있었음을 알 수 있다.

독일의 구츠무츠, J.는 그의 저서 《청소년을 위한 체조》(1793) 속에서 줄넘기 전용의 손잡이에 대해 재질이나 구조를 자세히 적고 있다.

미국의 경우도 각 지방마다 "커피가 좋아요, 홍차가 좋아요" 등의 여러 가지 줄넘기 동요가 전해지고 있는데 신대륙인 만큼 유럽에서 전해진 것이 분명하다.

중국에도 여자아이들의 민속놀이로 긴 줄넘기 놀이가 정초에 널뛰기 등과 함께 행해졌다는 기록은 있으나, 그 기원에 대하여 알 수 없다.

일본의 아이들 놀이연구가 한자와 도시로오(半澤)는 일본의 줄넘기의 발생에 대해서는 확실한 자료가 없다고 하면서도 줄이라는 인간의 생활도구를 사용한 놀이라는 점에서 줄의 역사와 함께 하는 오랜 기원을 가진 것으로 추측하고 있다.

이상 각국의 예에 비추어 볼 때 아이들의 유희심이란 본질적으로 나라나 지역에 따라 차이가 없으며 극히 소박한 형태로는 줄넘기가 예로부터 세계 도처에서 그 나라의 민속놀이로 자연발생적으로 존재하고 있었고 그것이 전승되고 발전하여 오늘날에 세계 공유의 소중한 운동문화재로 정착된 것으로 생각된다.

(2) 놀이 방법

① 짧은 줄넘기

양손에 쥔 줄을 늘어뜨려 줄을 밟아 서면 양 겨드랑이쯤 오는 줄을 가지고 제자리 뛰기, 거꾸로 뛰기, 한 번 뛰어 줄을 여러 번 돌리기, 한 발로 뛰기, 엇걸어 뛰기, 릴레이 등 다양한 방법으로 경기를 한다. 몸에 걸리지 않고 많은 횟수를 넘을 수 있도록 타이밍 조절이 중요하다.

짧은 줄넘기

긴 줄넘기

② 긴 줄넘기

- 둘이서 줄을 돌린다.
- 두 편으로 갈라서 한 편에서 한 명씩 동시에 줄을 넘는다.
- 노래에 맞춰 줄을 넘으면서 가위 바위 보를 한다.
- 진 사람은 나오고 다음 사람이 들어간다.
- 줄을 넘다가 걸리면 죽는다.
- 마지막 남는 편이 이긴다.

  * 꼬마야 꼬마야 노래를 부르며 노랫말대로 표현하며 즐기는 방법도 있다.

③ 여러 줄넘기

- 두 줄넘기 : 두 사람이 다른 방향으로 줄을 돌리면 한 사람이 들어가 넘는다. 이때는 줄 돌리는 기술이 매우 중요하다.
- 길고 짧은 줄넘기 : 긴 줄 안에서 다시 짧은 줄을 넘는다.
- 세 줄넘기 : 긴 줄, 중간 줄, 짧은 줄을 동시에 겹쳐 넘는다.

④ 엇갈려 넘기

- 양편이 서로 마주보고 선다.
- 양쪽에서 한 사람씩 나와 엇갈려 뛰어 넘는다.

⑤ 여러 사람이 같이 넘기

5~6명이 한 사람씩 들어가 전원이 같이 호흡을 맞춰 넘는다.

(3) 놀이 효과

① 호흡·순환 기능이나 근육에 자극을 주어 지구력을 높여 준다.

② 전신 운동으로 리듬이나 타이밍의 감각을 길러 준다.

③ 좁은 장소에서도 할 수 있다.

④ 스포츠의 트레이닝으로 많이 이용된다.

(4) 유의할 점

① 지면이 평탄하고 위험물이 없어야 한다.

② 먼지가 많이 나지 않는 곳이 좋다.

③ 놀이 후 적절한 휴식이 필요하다.

④ 줄이 약간 무게가 있는 것이어야 좋다.

⑤ 끝난 후 줄의 보관에 유의하여야 한다.

13) 설날 민속놀이

(1) 설날의 유래와 풍속

도시생활과 산업사회라는 굴레 속에서 생활하고 있는 현대에 와서 설날은 또 다른 의미를 지니는데, 이는 곧 도시생활과 산업사회에서 오는 긴장감과 강박 감에서 일시적으로나마 해방될 수 있는 즐거운 시기라는 의미도 함께 지니고 있다. 가족 대부분이 고향을 찾아 떠나고, 같은 날 아침 차례를 올리고, 또 새 옷을 즐겨 입는데, 여기에서 우리는 같은 한국인이라는, 같은 한 민족이라는 일체감을 가지게 된다. 그래서 사회적으로나 국가적으로 볼 때도 설날이 가지 는 의미, 즉 공동체의 결속을 강하게 한다는 점에서는 단순한 명절 이상의 기 능과 의미를 가지고 있다.

① 설날의 어원과 유래

설이란 '새해의 첫머리'란 뜻이고, 설날은 그 중에서도 한 해의 첫날이란 의 미를 지닌다. 설날이 언제부터 우리 민족의 최대 명절로 여겨지게 되었는지에 대해서는 정확하게 알 수 없으나 설의 유래로 추측되는 많은 이야기 중 하나는 고려시대에는 설과 정월 대보름·삼짇날·팔관회·한식·단오·추석·중구·동지를 9대 명절로 삼았으며, 조선시대에는 설날과 한식·단오·추석을 4대 명절이라 하였으니, 이미 이 시대에는 설이 오늘날과 같이 우리 민족의 중요한 명절로 확고히 자리잡았음을 알 수 있다.

② 설의 풍속

설날의 세시풍속으로는 차례, 세배, 설빔, 덕담, 문안비, 설그림, 복조리 걸기, 야광귀 쫓기, 청참, 윷놀이, 널뛰기, 머리카락 태우기 등 그 종류가 상당히 다양하다. 몇 가지 예를 들면

- 차례 : 정월 초하룻날 아침 일찍이 각 가정에서는 대청마루나 큰방에서 제사를 지내는데, 제상 뒤에는 병풍을 둘러치고 제상에는 설음식을 갖추어 놓았다.
- 세배 : 설날 차례를 마친 뒤 조부모·부모에게 절하고 새해 인사를 올리며, 가족끼리 아랫사람이 윗사람에게 절을 하는데 이를 세배라 한다.
- 설빔 : 정월 초하룻날 아침에는 남녀노소 구분 없이 모두 일찍 일어나 세수하고 새 옷을 갈아입는데, 이것을 설빔이라고 한다.
- 덕담 : 설날에 일가친척들과 친구 등을 만났을 때 "과세 안녕하셨습니까?" "새해 복 많이 받으십시오." 등과 같이 그 사람의 신분 또는 장유의 차이에 따라 소원하는 일로 서로 축하하는 것을 말한다.
- 복조리 : 설날 이른 아침 또는 섣달 그믐날 밤 자정이 지나서, 대나무를 가늘게 쪼개어 엮어서 만든 조리를 사서 벽에 걸어 두는 습속이 있는데, 이것을 복조리라고 한다.
- 떡국 : 설날의 음식을 통틀어 '설음식' '세찬'이라 하고 설날의 술을 '설술'이라고 한다. 설음식 중에서 가장 대표적인 것은 떡국이다. 설날에 흰 떡국을 끓여 먹는 것은 고대의 태양숭배 신앙에서 유래한 것으로 보이는데, 새해의 첫날을 밝음의 표시로 흰색의 떡을 사용하였으며, 떡국의 떡을 둥글게 하는 것은 태양의 둥근 것을 상형한 것이라고 할 수 있다.

(2) 설 민속놀이

우리 나라에서는 예로부터 설날 아침에 조상께 차례를 지내고 성묘를 한 후, 가족, 친지, 이웃이 모여 화합과 결속 강화, 정신적 유대감, 또는 마을의 풍년과 평안을 기원하는 의미가 담긴 여러 가지 민속놀이를 즐겨오고 있으며 남녀노소 다같이 즐길 수 있는 윷놀이를 비롯해서 널뛰기, 투호놀이, 제기차기 등 다양하고 특색 있는 전통놀이를 계승해오고 있다.

설날에 이루어지는 대표적인 민속놀이 몇 가지를 알아보면 다음과 같다.

① 윷놀이

일반적으로 윷놀이는 개인끼리 또는 여럿이 편을 갈라 윷가락이나 윷쪽을 윷판에 던져 윷이 나오는 결과에 따라 말을 쓰면서 어느 편이 먼저 정해진 말수를 모두 내놓는가를 겨루는 놀이이다.

도는 '돼지', 개는 '개', 걸을 '양', 윷은 '소', 모는 '말'을 가리킨다고 한다. '쟁두'라 하여 시작에 앞서 누가 먼저 놀 것인가를 정하는데 윷가락을 던져 더 많이 나오는 쪽이 선을 잡게 된다. 윷가락이나 윷쪽이 엎어지거나 젖혀지는 데 따라 '도, 개, 걸, 윷, 모'라 하여 명칭과 점수에 차이가 난다 .

② 연날리기

연날리기는 세계 곳곳에서 연령의 구별 없이 즐겨오는 놀이이며, 우리나라의 연은 대부분이 직사각형 모양의 '방패연'과 마름모꼴의 '가오리연'으로 나뉜다.

윷놀이

연날리기

정초에 어린이나 청소년들이 각가지 모양의 연을 하늘 높이 띄워서 노는 민속놀이로서 정월 초하루부터 대보름 사이에 주로 즐겼으며 오락성과 민속신앙적인 양면성을 띤다.

놀이 방법으로는 높이 띄우기, 재주 부리기, 끊어먹기(연싸움) 등이 있는데, 연줄 끊어먹기 놀이에서, 모든 것을 양보하고 남을 생각하며 빼앗고 침범하기보다는 남을 대접하고 도와주기를 좋아하는 우리 조상들의 아름다운 미덕을 엿볼 수 있다.

③ 팽이치기

팽이에 남자 아이들이 얼음판 위에서 많이 하는 놀이로서 '도래기치기'라고도 한다.

놀이의 방법으로는 5~10m 지점을 설정해 놓고 팽이체로 정확하게 팽이의 허리를 치면서 빨리 돌아오기를 겨루는 놀이, 돌고 있는 팽이를 맞부딪쳐 상대편 팽이를 쓰러뜨리는 팽이싸움놀이, 아래위로 총알을 박은 팽이를 팽이줄로 감아 머리 위로 또는 팔을 옆으로 비켜 마치 야구의 투수가 던지는 식으로 팽이를 던져 돌려 서로 맞부딪치게 하는 팽이찍기, 얼음판이나 땅바닥에 손으로 팽이를 돌린 다음 가는 막대기에 헝겊 또는 삼실을 달아 만든 팽이채로 쳐서 세게 돌리는데 여러 아이들이 저마다 팽이를 힘껏 친후 일제히 팽이채를 거두고 가장 오래가는 팽이를 장원으로 뽑는 등이 있다.

④ 고싸움놀이

전남 광산군 대조면 질석리 웃돌마을에서 매해 음력 정월 10경부터 2월 초하루에 걸쳐서 벌이던 놀이다. 큰 줄을 꼬아 앞쪽에 고를 짓고 이것을 양쪽에서 밀어서 부딪히게 한 다음 상대방의 고를 땅에 내려뜨린 쪽이 이기게 된다.

싸움으로 시작하여 다음날에는 청소년들 그리고 본격적으로 청년들의 고싸움으로 커가며 마을 산에 대항전을 벌인다. 1970년 중요무형문화재 제 33호로 지정되었다.

⑤ 투호놀이

예쁜 항아리를 뜰 가운데 놓고 일정한 거리만큼 떨어져서 화살같이 만든 청홍의 긴 막대기를 던져서 어느 편이 더 많이 항아리 속에 던져 넣느냐를 겨루는 놀이로 옛날 궁중에서 여자들이 많이 했다고도 한다.

⑥ 띠뱃놀이

서해의 위도라는 섬에 전해져 내려오는 특유의 민속놀이이다.

매해 정월 초사흗날이 되면 위도 사람들은 풍어와 섬마을의 안녕을 기원하는 마음으로 띠뱃놀이를 한다.

참고문헌
REFERENCE

레크리에이션 연구와 지도원리 / 박창영 / 일신서적출판

레크리에이션 지도론 / 한이석 / 대한미디어

사회복지개론/ 김익균 외/ 교문사

사회복지실천론/ 김익균 외/ 교문사

실기지도를 위한 종합 레크리에이션 / 전영수 / 서원출판사

여가 및 레크리에이션론 / 김영빈 / 형설출판사

종합게임-레크리에이션 가이드 / 서선택 / 일신서적출판

프로레크리에이션 600 / 전승훈 / 종로서적

현대레크리에이션 지도자료 / 최규남 / 예일출판사

〈자 료〉

http://blog.daum.net/toccata1214/3184054
전락북도청 문화관광청 http://www.gojb.net:8080/index5.jsp
윤영근의 민속놀이 배움터 http://www.gwangcheon.es.kr/bosco/index.html

〈사진출처〉

가마타기 〈원내어린이집〉 http://cafe.naver.com/5451783
기차놀이 〈희망어린이집〉 http://cafe.naver.com/heemang11/1527
실뜨기 〈보림출판사〉 http://cafe.naver.com/borimpress/25113
장치기 〈전통문화체험〉 http://cafe.naver.com/jippul/567
강강술래 〈공릉 뻬아제어린이집〉
        http://blog.naver.com/jengsori?Redirect=Log&logNo=140071653371
꽃따기 〈햇빛사랑유아학교〉 http://cafe.naver.com/0315666430/573
죽마타기 〈어린이 기행&굴렁쇠〉 http://cafe.naver.com/gotomal/670
널뛰기 〈마음 그리기〉 http://blog.naver.com/agapoet?Redirect=Log&logNo=40003868966
씨름하기 〈서면원광유치원〉 ttp://cafe.naver.com/wonkwang3359/2335

찾아보기
INDEX

저자소개

이순배

아주대학교 공공정책대학원 사회복지학과 석사
광운대학교 행정학 박사

현재 (사)한국놀이문화협회 경기지부장
　　　수원여자대학 레크리에이션 강사
　　　(재) 부암어린이집 시설장
　　　경원대 교육대학원 외래교수
　　　한경대 아동가족복지학과 외래교수
　　　오산대 외래교수

저서 사회복지실천론(공저)
　　　사회복지개론(공저)
　　　보육학개론(공저)
　　　유아를 위한 자연친화교육프로그램(공저)

레크리에이션과 민속놀이
(게임 동영상 CD 포함)

2010년 7월 30일 초판 인쇄
2010년 8월 5일 초판 발행

지은이 이 순 배
펴낸이 류 제 동

책임진행 양계성
본문편집 정연진
표지디자인 반미현
제 작 김선형
영 업 김재광 · 정용섭 · 송기윤

펴낸곳 ㈜교문사

우편번호 413-756
주소 경기도 파주시 교하읍 문발리 출판문화정보산업단지 536-2
대표전화 031-955-6111
팩시밀리 031-955-0955
등록번호 1960.10.28. 제 1-2호
E-mail webmaster@kyomunsa.co.kr
Homepage www.kyomunsa.co.kr
ISBN 978-89-363-1070 -7 (93690)

값 15,000원

*잘못된 책은 바꿔 드립니다.